i-Scream

Contents

프롤로그

기본기를 다져요

함께 그려요

수업에 접목해요

PPT와 영상을 활용해요

이 책이 여러분의 교실을 바꾸는 좋은 도구가 되길 기대합니다.

프롤로그

1. 최고의 교실을 만드는 그림 콘텐츠

1

최고의 교실을 만드는
그림 콘텐츠

여러분은 교사에게 가장 관심 높은 수업 자료가 무엇이라고 생각하시나요? 예전부터 학교에서는 어린 학생들을 가르치기 때문에 텍스트보다는 그림을 활용한 수업들이 많았습니다. 그러나 최근 들어 이미지를 활용한 수업이 더 인기가 좋아습니다. 그 이유는 '시각 자료'에 대한 교사들의 관심이 예전보다 더 높아졌기 때문입니다.

정보를 전달하는 방법은 시대에 따라 여러 모습으로 변화해 왔습니다. 선사 시대부터 농경사회까지는 입에서 입으로 정보를 전달하였고, 산업사회와 정보화시대 초기에는 텍스트를 주로 활용했습니다. 그러나 IT산업이 고도로 발달하면서 우리 사회는 정보의 시대에 진입하게 되었습니다. 텍스트로 된 정보는 분명 유용하지만 그것을 하나하나 검토하기에는 그 양이 너무 많고 시간도 부족합니다. 특히 최근 스마트폰의 대중화로 인해 개인이 처리해야 할 정보의 양은 더욱 넘쳐나게 되었습니다. 이러한 흐름 속에 현대 사회는 텍스트의 시대에서 이미지의 시대로 변화를 꾀하고 있습니다. 점차 정보 전달 수단이 영상을 포함한 '이미지'가 되어가고 있는 것입니다.

우리가 살아가는 사회는 이미 텍스트 중심 시대에서 이미지의 시대로 변모했습니다. 비단 학교에서 뿐만 아니라 가정과 사무실, 거리의 진열대와 광고에 이르기까지 그림이 빠져있는 곳은 찾아보기 힘듭니다. 무엇을 배우고 익히는 데에도 그림이 하나의 학습 수단으로 활용됩니다.

이런 변화의 이유는, 현대 사회가 텍스트를 활용한 소통 방식보다 이미지를 통한 감각적이고 명료한 소통 방식이 각광받는 시대가 되었기 때문입니다. 문자 중심의 트위터보다는 인스타그램 같은 이미지 중심의 SNS가 훨씬 많은 관심을 받고, 텍스트로 가득한 책보다는 만화, 웹툰 등의 이미지가 많이 들어간 책을 선호하는 것도 같은 맥락입니다.

그림 콘텐츠가 수업에 효과적인 이유는 다음과 같습니다.

첫째로 내용 전달이 쉽습니다. 텍스트가 논리적이고 체계적으로 정보를 전달했다면 그림 콘텐츠는 훨씬 직관(直觀)적입니다. 받아들이는 사람 입장에서 텍스트로 제시했을 때보다 이미지로 제시했을 때 훨씬 더 직관적이고 간결하게 다가옵니다. 이는 우리 교실에서 의미하는 바가 큽니다. 고등학교보다는 중학교에서, 중학교보다는 초등학교에서 수업 시간과 교실 환경 꾸미기에 이미지를 많이 사용하는 이유가 바로 이 때문입니다.

둘째로 친숙하며 공감대를 형성하기 쉽습니다. 혹시 스마트폰 메신저에서 이모티콘을 써보신 적이 있으신가요? 몇 년 전 2G폰을 쓸 때만 하더라도 우리는 40글자(80바이트)의 문자 메시지만 보낼 수 있었습니다. 그래서 보통 글자만 꾹꾹 눌러 담아서 메시지를 보냈습니다. 40글자라는 제한된 분량에 담고 싶은 내용을 모두 담으려다 보니 어쩔 수 없이 생겨난 현상입니다. 하지만 지금은 '감사해요', '미안해요', '안녕' 같은 간단한 메시지는 글보다 이모티콘을 자연스럽게 활용합니다. 게다가 메신저 회사에서는 이러한 이모티콘을 유료로 판매하고 있습니다. 그럼에도 불구하고 2016년 기준 카카오톡 이모티콘 다운로드 건수는 1,400만 건에 달할 만큼 대중들에게 인기가 많습니다. 사용자끼리 공감대를 형성할 수 있고 텍스트보다 편리하다는 장점 때문입니다.

셋째로 공유하기 쉽습니다. 옛날 교실에서는 선생님이 교육 콘텐츠를 만들면 자신의 교실 혹은 같은 학교 동학년 선생님들만 사용할 수 있었습니다. 하지만 지금은 '인디스쿨', '쌤블로그' 같은 교육 커뮤니티와 플랫폼이 많아져 선생님들이 만든 콘텐츠가 교실과 학교를 넘어 전국의 선생님에게 공유되는 현상을 발견할 수 있습니다. 그중 가장 인기를 끌고 많이 공유되는 교육 콘텐츠는 단연 그림 콘텐츠입니다. 참쌤스쿨 교육 콘텐츠가 대부분 그림 기반인 이유도 여기에 있습니다.

아시는 분은 아실지도 모르겠지만 참쌤스쿨의 모토는 '교사가 최고의 콘텐츠다'입니다. 이 모토를 기반으로 참쌤스쿨 운영진들은 여러 선생님들이 수업에서 활용할 수 있는 콘텐츠를 제작하고 공유하는 일을 행복하게 생각하고 있습니다.

이 책은 철저하게 교실에서 그림 기반 콘텐츠를 제작하려는 모든 선생님과 예비 교사들을 위해 만들었습니다. 그림에 자신이 없었거나, 수업 자료나 아이디어가 부족했던 모든 선생님에게 간단한 기초 드로잉부터, 캐리커처, 색연필, 캘리그라피, 이모티콘 활용, 미술 수업과 웹툰 동아리, 학급 환경과 영상 활용까지 그림을 활용한 참쌤스쿨의 모든 콘텐츠를 담았다고 할 수 있습니다.

저는 이 책이 학생들과 소통하고 싶은 선생님들에게는 좋은 수업 자료로 진정한 의미의 교육을 끊임없이 고민하는 선생님들에게는 신선한 자극제로 사용될 것이라 믿어 의심치 않습니다. 어떤 분야든 마찬가지겠지만 그림은 꾸준하게 하는 것이 중요합니다. 그리고 즐겁게 하는 것이 중요합니다. 부끄러워하지 말고 선생님이 만든 콘텐츠를 많은 선생님에게 공유해보세요. 여러분이 최고의 콘텐츠입니다.

김차명 드림

저자 소개

김차명 (정왕초등학교 교사)

70명의 젊은 선생님들로 이루어진 전국 디지털 콘텐츠 제작 교사모임 '참쌤의 콘텐츠 스쿨'의 운영자이자, 우리나라 최대의 초등교사 커뮤니티인 인디스쿨에서 대표운영진(미디어콘텐츠팀장), 경기교육연구소에서 출판홍보팀장으로 봉사하고 있다. 경인교육대학교에서 예비 교사를 대상으로 강의를 하고 있으며 아이스크림 원격교육연수원에서 〈참쌤의 비주얼씽킹 끝판왕〉(2학점), 〈참쌤의 비주얼씽킹 첫걸음〉(1학점), 〈안전교육 SOS 아이들을 부탁해〉(2학점), 〈인성, 스승에게 묻다〉(1학점) 원격연수 강의를 하고 있으며 이번 학기에는 '참쌤스쿨 그림교실, 교사가 최고의 콘텐츠다' 연수 강좌 제작에 참여했다.

저서   도서 『교사동감』(에듀니티, 2015)
　　　도서 『리얼 교실 웹툰 1반 선생님』(천재교육, 2016)
　　　도서 『교실 속 평화놀이』(즐거운학교, 2016)
　　　도서 『교사생활 월령기』(에듀니티, 2017)

수상 경력   2016년 EBS 교육방송연구대회 전국 1등급
　　　　　2015년 EBS 교육방송연구대회 전국 1등급

기본기를 다져요

2. 젠탱글로 채우는 그림 수업

여러분은 젠탱글 수업을 진행해본 적이 있으신가요?

본 챕터는 젠탱글에 초점이 맞춰져 있지만,

실제 내용은 '젠탱글을 활용한 아르누보 스타일의 일러스트 그리기'입니다.

이에 따라 크게 두 가지 측면으로 미술 수업에 접근할 수 있는데요.

첫째, 표현 기법으로 젠탱글을 활용한 아르누보 스타일의 일러스트 그리기.

둘째, 발상 기법으로 생각 그물을 활용한 자기 이해 및 그리기 소재 탐색입니다.

그럼 본격적으로 젠탱글에 대해 살펴볼까요?

1. 젠탱글 이란?

젠탱글(Zentangle)이란 선(禪)을 의미하는 zen과 얽힘을 의미하는 tangle의 합성어로, 빈 종이에 규칙성을 갖고 반복되는 선을 그리며 마음을 차분히 하고 안정을 찾아가는 활동을 말합니다. 준비물은 기본적으로 종이와 펜이 필요합니다.

젠탱글 수업을 처음 접한 선생님들은 몇 가지 중요한 사항을 놓치기 쉽습니다. 아래의 사례들을 통해 이 문제를 해결할 수 있는 간단한 팁을 살펴보겠습니다.

01 난이도 조절하기

젠탱글 그리기 수업을 하다 보면 다양한 요인으로 인하여 주어진 시간이 턱없이 부족하거나 남는 경우가 있습니다. 이를 해결하기 위한 난이도 조절의 요인을 크게 네 가지로 살펴보면 다음과 같습니다.

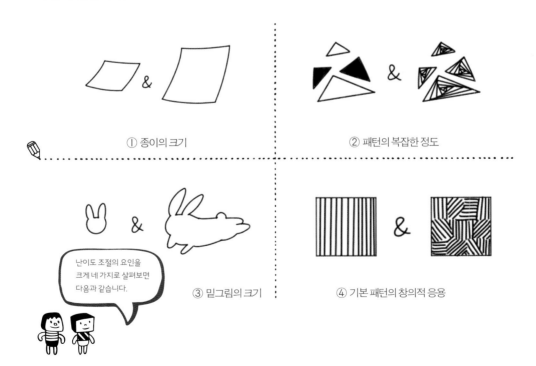

① 종이의 크기

② 패턴의 복잡한 정도

③ 밑그림의 크기

④ 기본 패턴의 창의적 응용

난이도 조절의 요인을 크게 네 가지로 살펴보면 다음과 같습니다.

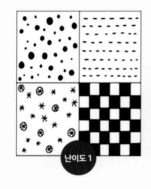
난이도 1

난이도 2

난이도 3

난이도 구분 예시입니다. 젠탱글 수업은 선생님들께서 미리 수업에 사용하실 패턴을 그려보신 뒤 학습자의 수준에 따라 난이도를 분류하여 제시해 주시는 준비 과정이 필수입니다.

02 동기 부여하기

젠탱글 그리기 활동을 할 때 대다수의 학생들은 '이걸 왜 하고 있지?'라고 생각하기 마련입니다. 이는 동기 부여가 전혀 되지 않은 상태에서 젠탱글 패턴을 기계적으로 그리고 있는 상황에서 자주 목격됩니다. 이러한 상황이 반복되면 그림을 좋아하는 학생들도 젠탱글에 대한 흥미를 잃고 지루하고 힘들다는 반응을 보일 수 있습니다. 이를 해결하기 위해선 '왜 젠탱글을 하는가'에 대한 동기 부여가 꼭 필요합니다. 저는 좋은 동기 부여 방법으로 '생각 그물'을 제시합니다.

생각 그물은 학습자가 한 가지 주제에 대하여 자신의 배경 지식을 활성화하고 구조화하고 시각화하는 과정을 말합니다. 즉, 생각 그물을 그리고 그 소재들을 그림으로 활용하게 되면 학습자가 좋아하고, 관심 있는 대상을 그리게 됩니다. 이를 젠탱글로 꾸미게 되면 학습자의 집중도, 흥미도, 만족도가 모두 상승하는 효과를 얻을 수 있습니다.

03 수업과 젠탱글의 관계

멋진 젠탱글 작품을 접하고 이를 미술 시간으로 가져올 때 보통 '젠탱글을 위한 수업'을 설계하게 됩니다. 그러나 이는 주객이 전도된 상황을 만들 수 있습니다. 따라서 선생님들은 표현 기법에 매몰되지 않고 수업을 위해 어떻게 젠탱글을 활용할 것인가 깊게 고민해야 합니다.

04 젠탱글을 활용한 미술 수업의 장점

몰입	**'고도의 집중력과 몰입감 경험의 기회'** 수업 시간에 집중을 하지 못하고 떠드는 아이들도 젠탱글 패턴을 그리는 그 순간은 신중하게 선을 긋고 집중하느라 조용해지고 몰입을 경험하게 됩니다
자신감	**'내가 이렇게 복잡하고 멋진 그림을 그렸구나!'** '뭉치면 살고 흩어지면 죽는다.' 라는 말처럼 젠탱글은 하나하나 뜯어보면 엉성해 보이더라도 하나의 작품으로 모여 있으면 몇 배의 시너지를 일으킵니다. 그린 사람, 그림을 감상하는 사람 모두에게 감동을 느끼게 하고 미술에 자신 없는 아이들도 자신감을 경험하게 됩니다.
창의력	**'나만의 패턴을 만드는 활동을 통한 창의력 개발'** 젠탱글 패턴에 정답은 없습니다. 누군가가 처음 그린 패턴을 응용해서 또 다른 누군가가 새로운 패턴을 만들어내고, 그 패턴이 또 누군가를 거쳐서 새로운 패턴으로 거듭나는 과정이 젠탱글 하나하나에 담겨 있습니다. 따라서 미술 수업 시간에 아이들 각자의 이름을 걸고 패턴을 만들고 공유하며 창의력, 의사소통 능력을 기르게 됩니다.

2. 아르누보 스타일이란?

01 ▶ 아르누보의 정의

아르누보(Art Nouveau)란 19세기 말의 유럽에서 일어난 미술 경향을 의미합니다. 아르누보 스타일은 '새로운 미술'이라는 이름의 뜻처럼 대상을 최대한 똑같이 묘사하여 그리는 방법을 말합니다. 이는 전통에서 벗어나 평면적인 느낌, 간략한 묘사로 모던 그래픽 디자인과 만화 등에 큰 영향을 주었습니다. 대표적인 화가로는 알폰스 무하가 있으며 순수미술보다는 주로 공예, 포스터 등과 같은 응용미술에서 두드러지게 나타납니다.

02 ▶ 왜 아르누보인가?

많은 선생님들이 왜 하필 아르누보 스타일의 일러스트를 소개하는지 의문을 가질 수 있습니다. 보통 아이들은 어릴 때 그림 그리는 것을 주저하지 않습니다. 왜냐하면 자신이 표현하고 싶은 것을 낙서하고 그리는 행위 그 자체에 집중하기 때문입니다. 하지만 자신이 사실적으로 그리지 못하는 것을 미술을 못해서라고 인식하는 순간 아이들은 자신감을 잃고 미술을 멀리하게 됩니다.

하지만 사실적인 표현을 하는데 집중하는 미술은 이미 사진기의 발명과 함께 수백 년 전에 유명을 달리했습니다. 그리고 그러한 배경 속에 탄생한 것이 바로 아르누보입니다. 그런 점에서 아르누보는 미술을 어려워하고 자신 없어 하는 아이들에게 대안이 될 수 있는 표현법 중 하나라고 할 수 있습니다.

03 ▶ 아르누보(알폰스 무하)의 특징 세 가지

다음은 아르누보의 대표적인 작가 알폰스 무하 작품의 특징들 중 세 가지를 뽑아 미술 수업에 활용해 보았습니다. 첫째는 중첩입니다. 무하의 그림 ①번과 같이 주제에 어울리는 다양한 소재들이 중첩되어 화려함을 더하는데 본 수업에서는 학생들이 직접 구상한 소재를 연필로 겹쳐 그린 뒤 펜으로 정리하는 과정을 통해 표현합니다. 둘째는 외곽선의 강조입니다. 무하의 그림 ①번과 같이 중심 소재의 외곽선을 좀 더 두꺼운 선으로 그려 주제부를 강조했습니다. 본 수업에서는 테두리를 안쪽 선보다 두꺼운 펜을 활용하여 덧칠하는 것으로 표현합니다. 셋째는 장식적 패턴의 사용입니다. 알폰스 무하는 ②번과 같이 컴퓨터로 복사해서 붙여 넣은 듯 매우 정교한 장식을 패턴화하여 화면의 테두리, 배경에 배치하였습니다. 이를 교실 수업에 바로 적용하기에는 난이도의 문제가 있으므로 본 수업에서는 젠탱글 패턴을 활용하겠습니다.

〈 ① 알폰스 무하의 '데이지꽃과 여인' 〉

〈 ② 알폰스 무하의 〈욥〉 포스터 〉

1. 중첩	중첩은 원근법을 표현하는 대표적인 방법 중 하나입니다. 아르누보는 사실적인 채색 보다는 중첩을 통해 공간감, 입체감을 줍니다.
2. 외곽선의 강조	전통 서양 회화에서 가장 금기시하는 것 중 하나는 외곽선을 강조하여 배경과 주제부를 부자연스럽게 떨어뜨리는 것입니다. 하지만 아르누보는 역으로 주제부의 외곽선을 진하게 그려 작가가 전달하고자 하는 이미지를 강조하였습니다.
3. 장식적 패턴	아르누보 그림들은 대체적으로 장식적 패턴이 많고 화려합니다. 이를 초등학생들이 창작하여 그려 넣는 데에 한계가 있으므로 젠탱글 패턴으로 갈음하여 표현하도록 안내합니다.

3. 젠탱글, 직접 그려보기

▶ 01 예시 작품 감상하기

젠탱글 수업의 첫 단추는 어른들에게도 생소한 젠탱글과 아르누보를 아이들에게 소개해 주는 것입니다. 강의식으로 전달할 경우 학생들이 이해하기 어려울 수 있으므로 감상수업 방식으로 진행하는 것이 좋습니다. 학생들에게 예시 작품을 나눠주고 모둠별로 살펴보며 각각의 공통점을 파악하는 방법으로 젠탱글과 아르누보의 특징을 찾아보게 하는 것을 추천합니다.

〈 젠탱글 패턴 예시 〉

▶ 02 생각 그물 그리기

사실 본 수업의 방점은 젠탱글이나 아르누보가 아닙니다. 그것은 기법적인 측면일 뿐이며 본질은 '주제'를 '나만의 그림, 일러스트'로 표현하기임을 잊어서는 안됩니다. 이를 위해서 충분한 시간을 두고 주제(내가 좋아하는 음식, 동물, 꽃, 색깔, 취미, 특기, 꿈 등)를 생각 그물로 그려보며 그림의 소재를 탐색하는 과정이 중요합니다.

생각 그물을 제시할 때에는 아직 이러한 수업에 익숙하지 않은 학습자를 위해 친절하게 예시 발문을 제공하고 점차 발문의 개수를 줄여서 제시해 주는 것이 좋습니다. 보통 A4 1장 크기의 종이에 일러스트를 그리기 위해서는 최소 10가지 정도의 소재가 필요합니다. 종이의 크기에 따라 발문의 개수를 조절하여 제시하면 좋습니다.

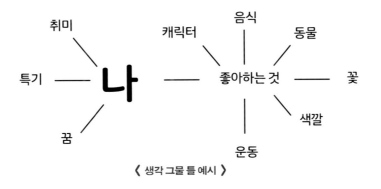

〈 생각 그물 틀 예시 〉

03 ▶ 연필로 스케치하기

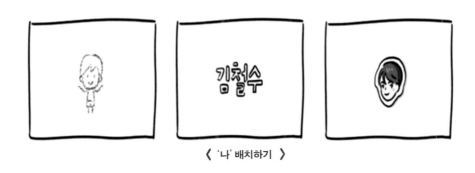

〈 '나' 배치하기 〉

종이의 가운데에 '나'를 배치합니다. 이는 학습자의 수준에 따라 다양하게 제시할 수 있습니다. 학습자 수준이 높은 경우 자신이 직접 캐릭터를 그리게 할 수 있고, 학습자의 수준이 보통인 경우 자신의 이름을 그림 글자로 꾸미거나 사인을 넣게 할 수 있습니다. 학습자의 수준이 낮은 경우 교사가 학습자의 얼굴 사진 또는 예쁜 폰트로 학습자의 이름을 프린트하여 제공하는 등 다양한 방법으로 진행 가능합니다.

《 스케치하기 》

다음은 가운데의 '나'를 중심으로 2)번에서 탐색한 소재들을 연필로 스케치합니다. 소재들의 배치는 자유롭게 하되 어떻게 해야 할지 모르는 학생의 경우 생각 그물의 모양을 따라 그려도 좋다고 안내합니다. 보통 대부분의 학습자들이 사물을 중첩해서 그리는 것을 힘들어합니다. 사과 뒤에 겹쳐서 가려진 아이스크림의 모습을 상상해 이어 그리는 것을 학생들은 어렵게 생각하기 때문입니다. 교사는 스케치 단계가 시작될 때 '사물들을 겹쳐서 그린 뒤 뒤에 가려서 보이지 않게 되는 부분들은 다음 단계에서 지우면 되므로 부담 없이 스케치하도록' 안내해 주는 것이 필요합니다. 소재들은 작게 그리는 것보다 젠탱글 패턴을 넣을 것을 고려하여 크고 서로 겹치게 그리는 것이 좋습니다. 교사는 스케치 활동 중 학습자의 수준을 고려하여 다양한 안내 장치를 제시할 수 있습니다.

〉〉 도구 활용하기

가) 스마트폰 : 대부분 생각 그물은 쉽게 완성하지만 그 소재를 재현해서 그리는 것을 어려워합니다. 이를 돕기 위해 인터넷 검색을 통해 사진을 참고하여 그리도록 합니다.

나) 아래가 비치는 얇은 종이 : 그리기에 자신이 없는 학습자의 경우 동양화의 전이모사(轉移模寫)처럼 '○○ 일러스트' 또는 '○○ 그림'으로 검색한 뒤, 스마트폰 위에 아래가 비치는 얇은 종이(화선지, 미농지 등)를 덮고 모방하여 그릴 수 있도록 합니다.

펜으로 정리하기

다음으로 중첩하여 그린 연필 선을 펜으로 정리합니다. 3)번의 과정에서 얇은 종이를 사용한 경우 종이가 찢어지지 않도록 지우개질에 주의해야 합니다. 또한 펜이 번지지 않도록 충분히 마른 뒤 연필 선을 지워야 합니다.

05 **두꺼운 펜으로 외곽선 강조하기**

4)번에서 사용한 펜보다 두꺼운 펜으로 외곽선을 덧칠합니다.

이제 가장 중요한 젠탱글 패턴을 학생들에게 알려줄 차례입니다. 젠탱글 패턴은 주로 그림의 빈 부분, 넓은 면 부분에 넣는 것이 좋으며 복잡한 소재가 얽혀 있는 곳은 주제가 묻힐 수 있으므로 피하는 것이 좋습니다. 젠탱글은 패턴마다 빽빽하고 강한 것, 여유롭고 약한 것 등 강세가 저마다 다릅니다. 따라서 패턴을 그려 넣을 때 강한 패턴 옆에는 약한 패턴이 올 수 있게, 약한 패턴 옆에는 강한 패턴이 올 수 있도록 지도하는 것이 좋습니다. 강한 패턴끼리 모여 있게 되면 그리는 사람도 지쳐서 힘들고 주제부가 드러나지 않게 될 우려가 있기 때문입니다.

07 **채색하기**

예시 1 예시 2

> 다양한 색을 사용하여 채색할 수 있도록 안내해 줍니다. 다만 과도하게 다양한 색상을 사용할 경우 어수선할 수 있으므로 주의하여야 합니다.

채색의 방법은 다양합니다. 예시1)처럼 한 가지 색만을 사용할 수도 있고, 예시2)처럼 두 가지 이상의 색상을 사용하여 화려하게 꾸밀 수도 있습니다. 그림에 자신 없는 학생들은 사실적인 채색을 잘 하지 못해 작품을 완성하기 힘들어합니다. 이때, 학습자가 좋아하는 색을 하나 고르게 한 뒤 채색을 하게 되면 매력적인 단색화가 됩니다. 이러한 채색 방법을 지도하는 것도 좋습니다. 물론 사실적인 채색을 원하는 학습자가 있을 경우 예시2)처럼 다양한 색을 사용하여 채색할 수 있도록 안내해 줍니다. 다만 과도하게 다양한 색상을 사용할 경우 어수선할 수 있으므로 주의하여야 합니다.

08 서명하고 마무리하기

대부분 미술 시간에 생략하게 되는 부분이 바로 이 단계입니다. 작품에서 서명의 의미는 누가 그렸느냐의 표현이기도 하지만 이 작품이 완성되었다는 표현이기도 합니다. 이러한 의미

를 생각하며 작가의 의도에 알맞은 작품을 완성할 수 있도록 지도해야 합니다. 마지막까지
더 보충할 부분이 없는지 살펴보고 마지막으로 자신의 이름 또는 사인을 넣어 '나만의 일러
스트'를 완성합니다. 액자에 넣거나 테두리를 색지로 꾸며 정리하면 더욱 완성도 높은 작품
을 얻을 수 있습니다.

〈 예시 작품 감상하기 〉

위 학생은 외곽선을 따라 그리려니 사물마다 가장자리가 잘 겹쳐지지 않아 어려움을 겪고 있
었습니다. 이 학생에게는 가장자리 주변에 크게 선을 그리고 가둔 뒤 그 부분을 외곽선으로
생각하고 꾸미라고 지도하였습니다. 중요한 것은 얼마나 정교하게 외곽선을 따라 그리느냐
가 아니라 학습자가 나만의 일러스트를 그리고 완성하는 과정을 어려워하지 않고 즐길 수 있
도록 교사가 도움을 주는 것입니다.

위 학생은 자신이 좋아하는 캐릭터를 가운데에 모아 그렸습니다. 주제부를 살리기 위해 배경을 분할하여 가운데를 비워두고 주변을 젠탱글 패턴으로 그렸습니다. 주제부 주변을 여백으로 남기고 젠탱글 패턴으로 가득 채우지 않아도 전달하고자 하는 주제를 강조할 수 있습니다.

위 학생은 태권도를 좋아하지만 미술은 좋아하지 않는 편입니다. 평소대로라면 헤드기어를 그리지 못했겠지만, 화선지 아래에 스마트폰을 놓고 본을 떠서 그려 멋진 헤드기어 이미지를 그릴 수 있었고 자연스레 미술 활동에 대한 자신감과 만족감을 느끼게 되었습니다.

4. 수업에 활용 및 응용하기

위에서 다룬 표현 방법은 수업 시간 내에 다양하게 응용이 가능합니다. 그럼 다음 두 그림을 통해 구체적인 응용 방법을 알아보겠습니다.

01 **역사 수업의 사건 정리**

6학년 사회 수업에서 다루게 되는 안중근 의사의 의거를 주제로 한 일러스트 그리기 과정은 다음과 같습니다.

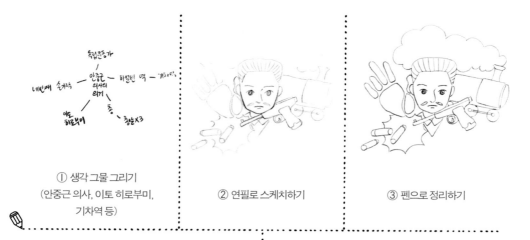

① 생각 그물 그리기
(안중근 의사, 이토 히로부미,
기차역 등)

② 연필로 스케치하기

③ 펜으로 정리하기

④ 두꺼운 펜으로 외곽선 강조하기

⑤ 젠탱글 패턴 넣고 채색 및 서명하여 완성하기

02

단원정리

4학년 과학 수업에서 다루게 되는 식물의 한살이를 주제로 한 일러스트 그리기 과정은 다음과 같습니다.

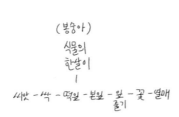

① 생각 그물 그리기
(씨앗, 싹, 떡잎, 본잎, 잎, 줄기, 꽃, 씨앗)

② 연필로 스케치하기

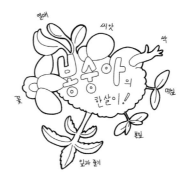

③ 펜으로 정리하기

④ 두꺼운 펜으로 외곽선 강조하기

⑤ 젠탱글 패턴 넣기

⑥ 채색 및 서명하여 완성하기

나만의 생각 그물을 완성해 보세요.

저자 소개

김화인 (명지초등학교 교사)

충북 혁신학교인 '행복씨앗 학교' 교사이자 '참쌤의 콘텐츠 스쿨' 2기로 활동하고 있다. '선생님들의 그림축제' 강사로 활동 중이며 초등 아이스크림 원격교육연수원 '참쌤스쿨 그림교실, 교사가 최고의 콘텐츠다' 연수 강좌 제작에 참여했다. 그밖에 EBS '여름방학' 삽화 작업과 교육부 '학교폭력 없는 행복한 새학기' 이모티콘 제작에 참여한 바 있다. 앞으로 아이들을 위한 생각과 그림이 담긴 나만의 그림동화를 그리는 것이 꿈이자 목표이다.

저서 도서『철학이 살아있는 수업기술』삽화 작업 (2017)
국정도서『안전 교과서(1~2학년)』삽화 작업 (2017)

나만의 일러스트를 완성해 보세요.

연필 스케치하기 →
펜선 정리 → 외곽선 강조하기
→ 젠탱글 패턴 넣기 →
채색하기 → 서명하기

3
기본 도형으로
초간단 얼굴 그리기

미술 시간이나 그림 그리기 시간에 학생들은 종종 이런 질문을 합니다.

"선생님 사람 그릴 때 졸라맨(얼굴은 동그라미고 뼈대만 있는 사람 그림)처럼 그려도 되요?"

학생들은 왜 이런 질문을 할까요? 아마도 사람 그리는 방법을 잘 몰라

자신감이 없기 때문일 겁니다. 사실 그림 그리기는 '잘 그리는 법'이라는 것이

존재하지 않습니다. 하지만, 얼굴 그리기만큼은 '잘 그리는 법'이 있습니다.

얼굴은 적절한 눈, 코, 입의 위치가 있으며, 조금만 위치가 벗어나도 어색해 보이기 때문에

적절한 위치를 잡아가며 그리는 것이 '잘 그리는 법'입니다.

오늘은 얼굴 그리는 비법 중 첫 번째, '얼굴 기본틀'을 이용하여 균형 잡힌 얼굴을

그리는 방법을 알아보도록 하겠습니다.

1. 기본 도형으로 얼굴 그리는 비법

▶ **얼굴 기본틀 그리기**

얼굴의 기본 틀이란 무엇일까요? 아래의 그림들은 다양한 얼굴이지만 얼굴 기본틀에 넣어보면 모두 적절한 위치에 눈, 코, 입이 있음을 알 수 있습니다. 얼굴의 균형감을 확인할 수 있는 간단한 방법은 종이를 뒤집어 보는 것입니다. 얼굴을 그린 후 종이를 뒤집어서 어색해 보인다면 얼굴의 균형감이 부족한 것입니다. 얼굴을 균형 있게 그리면 뒤집어서 봐도 어색하지 않습니다.

얼굴을 그릴 때 몇 가지 보조선과 함께 적절한 위치에 눈, 코, 입을 그리면 균형감을 확보할 수 있습니다. 다음 방법을 보며 따라 그려보세요.

〉〉직접 그려보기 (균형감 있는 얼굴 그리기)

단계	그림	설명
얼굴 윤곽		얼굴 전체의 윤곽을 그립니다. 얼굴의 윤곽을 도형으로 나타내면 흔히 말하는 계란형 얼굴, 즉 약간 긴 타원형을 그리면 됩니다.

세로선 그리기		얼굴 윤곽을 그린 후에는 세로선을 긋습니다. 세로선을 긋는 가장 큰 이유는 얼굴의 좌측과 우측의 균형을 이루는 지 확인할 수 있기 때문입니다. 그림을 처음 그릴 때는 얼굴의 한쪽이 커지는 경우가 있으니 세로선을 그려 확인하도록 합니다.
가로선 그리기		세로선을 그은 후에는 가로선을 긋습니다. 가로선은 눈의 위치를 나타내는 선입니다. 주의할 점은, 초등학생은 대부분 중간보다 조금 위에 눈이 있다고 생각하지만, 실제 눈은 얼굴의 절반 위치에 눈이 있습니다. 따라서 가로선을 절반 위치에 긋도록 합니다.
눈 그리기		가로선을 그었다면 눈을 그려주면 됩니다. 눈은 세로선의 절반 위치이지만, 각 가로선의 절반 위치이기도 합니다. 학생들은 눈의 간격을 잘 모르는 경우가 많으니 가로선의 가운데에 그릴 수 있도록 지도합니다.
코 그리기		코는 눈과 턱의 절반 위치에 끝선이 있습니다. 콧대는 정밀한 그림에서는 나타내지만, 간단한 그림을 그릴 때는 나타내지 않아도 괜찮습니다. 위치를 잡았으면 눈부터 턱의 절반 위치에 코의 끝선을 그립니다.
입 그리기		입은 금방 그린 코의 끝선과 턱의 절반 위치입니다. 정리해보면, 머리끝-턱의 절반에 눈, 눈-턱의 절반에 코, 코-턱의 절반에 입이 있습니다.
귀 그리기		귀를 그립니다. 귀의 위치는 눈-코 정도에 위치하며, 둥근 모양을 하고 있습니다. 가로 세로로 그은 보조선을 지워 마무리합니다.

우리 얼굴에서 가장 특징적인 눈, 코, 입의 위치를 정리해보면, 눈은 머리끝부터 턱의 절반, 코는 눈부터 턱의 절반, 입은 코부터 턱의 절반에 위치합니다. 학생들에게 쉽게 각인될 수 있도록 '반반 법칙'이라고 이름을 지어 지도하였더니 좋은 효과를 볼 수 있었습니다. 얼굴에서 눈, 코, 입 위치를 학생들에게 인지시키고 이를 얼굴의 기본적인 틀로 만들어 연습시키면 좀 더 균형감 있는 얼굴을 그릴 수 있게 됩니다.

〉〉 얼굴 기본 틀을 익힐 수 있는 교실 활동

보통 선생님은 학기 초에 학생들의 정면 얼굴 사진을 찍어둡니다. 그 사진을 이용하여 얼굴 기본 틀을 확인해 보는 활동을 소개해 보겠습니다.

학생들의 얼굴 사진을 A4 반 정도의 크기로 인쇄하여 나눠 준 후, 눈이 머리끝부터 턱의 절반에 있는지, 코의 끝이 눈부터 턱의 절반에 있는지, 입이 코부터 턱의 절반에 있는지, 즉 '반반 법칙'이 맞는지 확인해 보도록 합니다. 이 활동을 통해 학생들은 관심을 기울여 자신의 눈, 코, 입 위치를 확인하게 됩니다. 또한 자신의 얼굴을 '반반 법칙'에 따라 다시 그려 봄으로써 얼굴에 있는 눈, 코, 입의 기본 위치를 더 확실하게 알 수 있고 그냥 그릴 때 보다는 좀 더 자신을 닮은 모습을 그릴 수 있게 됩니다. 물론, 선생님들의 많은 도움과 손길이 필요한 활동입니다.

02 동그라미, 세모, 네모 조합으로 다양한 얼굴 그리기

얼굴의 기본 틀을 이용하면 누구나 쉽게 기본적인 얼굴형을 그릴 수 있습니다. 하지만 문제가 발생합니다. 여러 사람을 그려도 모두 얼굴이 쌍둥이처럼 닮게 된다는 점입니다. 또한 그림을 배워나가는 학생들은 습관적으로 동그란 얼굴형의 평범한 얼굴에 머리 모양만 다르게하여 인물을 그립니다. 이런 얼굴들은 특색도 개성도 부족한 얼굴이어서 학생들에게 얼굴 모양을 다르게 그려 개성 있는 사람의 모습을 표현하도록 지도하면 좋습니다. 조금 더 색다른얼굴을 만들어주는 간단한 얼굴 그리기 방법을 소개합니다. 바로 얼굴 그리기의 두 번째 비법 '도형 조합으로 다양한 얼굴 그리기'입니다.

그렇다면 왜 도형 조합일까요? 간단합니다. 사각형, 삼각형, 원 등의 도형들은 제각각 느낌이다르죠. 사각형은 딱딱한 느낌, 삼각형은 예민한 느낌, 원은 푸근한 느낌을 줍니다. 여러 도형을 이용하여 얼굴을 그려보면 자연스레 인물에게 성격을 부여할 수 있습니다.

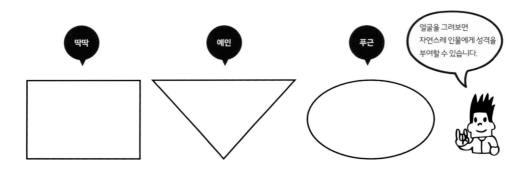

도형을 조합하여 개성 있는 얼굴형을 만들 때 도형은 두 개를 이용하여 위와 아래로 조합하여만듭니다. 이 때 주의 할 점이 있습니다. 다음 그림을 먼저 살펴보도록 하겠습니다.

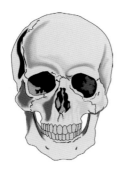

왼쪽 사람의 두개골 그림을 머리 부분과 하관으로 나누어 생각해보겠습니다. 하관의 생김새는 사람마다 조금씩 차이가 있습니다. 광대뼈가 많이 발달한 사람, 턱이 발달한 사람, 무턱, 턱이 뾰족한 사람처럼말이죠. 하지만 어떤 하관을 가졌든, 공통점은 두개골은 모두 둥글다는 사실입니다. 이를 반영하여 머리는 둥근 원을 이용하고 하관은 삼각형, 사각형, 타원을 이용하여 다양한 얼굴을 만들 수 있습니다

〉〉 도형 조합으로 장군 얼굴형 만들기

도형을 조합하여 얼굴을 만들 때 앞서 설명한 것처럼 얼굴의 윗부분은 원, 하관 부분은 다양하게 도형을 조합하여 표현할 수 있습니다. 예시로 장군 얼굴을 만들어 볼까요?

먼저 동그라미를 그립니다. 이 동그라미가 도형 조합 얼굴의 윗부분입니다.

다음으론 장군을 표현할 도형을 생각합니다. 제가 가지고 있는 장군의 이미지는 우직함, 강직함입니다. 그래서 이미지를 나타낼 수 있는 도형으로 사다리꼴을 선택했습니다.

이렇게 두 도형을 겹친 후 겹쳐진 부분은 지워주고 외곽선만 남겨 얼굴형을 완성합니다.

이어서 장군 이미지를 나타낼 만한 눈, 코, 입을 그립니다. 단, 이때 앞서 배운 〈반반 법칙〉을 적용하여 그리도록 합니다. 〈반반 법칙〉은 얼굴 그리기의 기본으로 어느 상황에서나 적용하도록 합니다.

그 외 장군으로서의 외모를 나타낼 수 있는 투구, 수염 등을 강조하여 그림을 완성시킵니다.

다양한 도형 조합 그림의 예시입니다. 앞서 살펴보았듯, 딱딱하고 단단한 느낌의 사각형을 원과 조합하여 우직하고 강직한 장군을, 뾰족한 삼각형을 조합하여 예민하고 날카로운 성격의 사람을, 둥그런 타원을 조합하여 맘 넓고 푸근한 인상의 사람을, 그리고 세 가지 도형을 조합하여 광대가 발달한 범죄형 얼굴형도 만들어 낼 수 있습니다.

다양한 도형 조합으로 여러 얼굴을 표현할 수 있습니다.

〉〉 지도상 유의점

도형을 조합하여 얼굴을 그릴 때 두 가지 이상 도형을 조합하다보니 도형끼리 겹쳐진 부분을 지우고 외곽선을 강조해야하는 번거로움이 있습니다. 초등학생들은 아직 소근육이 발달하지 못하여 연필을 꾹꾹 눌러가며 그림을 그립니다. 특히 저학년이나 남학생들이 유독 심합니다. 도형 조합 전에 겹쳐진 부분이 지워진다는 사실을 반복적으로 지도하여 선을 여리게 쓰도록 해야 합니다. 이것은 사실 상당히 어려운 부분이라 평소 선 긋기 연습, 올바른 연필 쥐기 등이 어느 정도 사전 지도되어야 하며, 도화지, 연필, 지우개 등을 사용할 때 비싸더라도 좀 더 좋은 재료를 쓰는 것이 좋습니다.

03 연령 구분하여 그리기

얼굴 기본틀 그리기에서 변화를 주는 방법이 한 가지 더 있습니다. 바로 나이에 변화를 주는 방법입니다. 학생들은 자기 또래의 얼굴만 그리는 습성이 있습니다. 나이를 달리하여 그리는 법을 알게 되면 기본적인 얼굴에서 좀 더 변화를 준 얼굴을 그릴 수 있게 됩니다. 각 얼굴의 특징은 다음과 같습니다.

〉〉 기준이 되는 얼굴(청소년)로 아이와 성인 얼굴 그리기

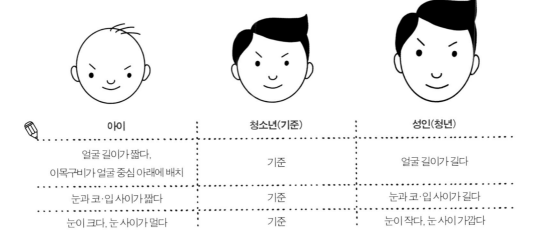

아이	청소년(기준)	성인(청년)
얼굴 길이가 짧다, 이목구비가 얼굴 중심 아래에 배치	기준	얼굴 길이가 길다
눈과 코·입 사이가 짧다	기준	눈과 코·입 사이가 길다
눈이 크다, 눈 사이가 멀다	기준	눈이 작다, 눈 사이가 가깝다

〉〉중년과 노인 얼굴 그리기

중년	노인
흰머리가 섞인 머리카락	적은 머리숱
노인보다 적은 주름	많은 주름, 검버섯, 불쑥 나온 광대뼈

사람은 아이에서 어른으로 성장합니다. 따라서 아이부터 성인이 될 때까지는 얼굴의 성장이 드러나게 그려야 합니다. 이때, 눈, 코, 입의 위치 변화를 통해 아이는 아이다운 느낌을, 어른은 어른다운 느낌을 줄 수 있습니다. 하지만 성인이 된 이후로는 더 이상의 성장은 없으므로, 주름살, 머리 빠짐 등을 표현하여 나이를 나타내야 합니다.

2. 재미있는 놀이, 몽타주 게임 해보기

▶ 01 몽타주 게임 방법

얼굴 그리기를 할 때 동기유발이나 정리활동으로 좋은 몽타주 게임을 소개하겠습니다. 동기유발 활동으로 사용 시 선생님이 번호를 불러주거나, 짝끼리 활동하면 재미있는 활동이 됩니다. 정리활동으로 사용할 때는 비법1)에서 나온 반반 법칙을 지키게 하고, 나이를 달리하여 그리게 할 수도 있습니다.

	1	2	3	4	5	6
얼굴 윤곽						
눈						
코						
입						
귀						
눈썹						
머리카락						

〈 **기본 게임 방법** 〉　　　　〈 **응용 게임 방법** 〉

동기 유발 시　　　　마무리 활동 시

① 이 표를 보여주지 않고, 짝에게 숫자를 지목해보라고 합니다. (혹은 주사위를 굴려서 숫자를 말해보라고 합니다.)
② 조합해서 얼굴을 완성합니다.

게임 방법은 같고, 여기에 나이 요소만 추가하면 됩니다. 마지막으로 주사위를 한 번 더 던지게 합니다. 아이, 청소년, 성인, 중년, 노인을 1부터 5로 정하고 나이에 맞게 몽타주를 꾸며봅니다.

선생님이 불러주는
번호로 그려봅니다.

짝과 주사위를
굴려가며 나온
번호로 그려봅니다.

다음의 학습지를 활용해 얼굴 그리기 활동을 수업에 적용해 보세요.

3. 수업에 활용 및 응용하기

얼굴 그리기 학습지

1. 얼굴틀로 기본 얼굴 그리기

 정면 얼굴을 자유롭게 그려보세요.

얼굴틀을 그리고 기본 얼굴을 그려보아요

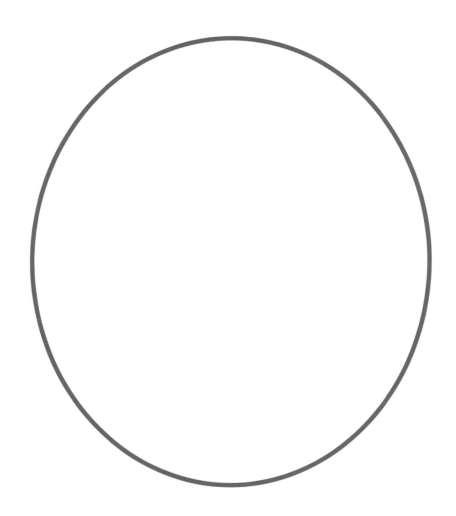

 **2. 도형을 이용한 다양한 얼굴**

 도형을 조합하여 다양한 얼굴을 그려보세요.

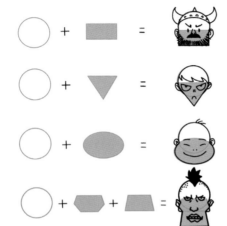

 직접 여러 도형의 조합을 만들어 보세요.

3. 연령에 따라 구분하여 그리기

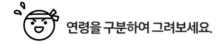 연령을 구분하여 그려보세요.

4. 몽타주 게임하기

	1	2	3	4	5	6
얼굴윤곽						
눈						
코						
입						
귀						
눈썹						
머리카락						

4. 몽타주 게임하기

예시 1

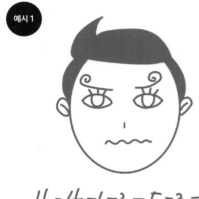

4 - 4 - 1 - 3 - 5 - 3 - 2

저자 소개

김웅 (대곶초등학교 교사)

    현직 초등학교 교사이자 '참쌤의 콘텐츠 스쿨' 3기로 활동하면서 교육 콘텐츠 개발에 참여하고 있다. 2014년부터 김포교육지원청 지역화 교과서 삽화 및 국정 〈안전한 생활〉 교과용 지도서 삽화 제작에 참여했으며 2017년 '인디스쿨 그림축제'에서는 도형으로 그리는 학급 운영 강의를, 화성오산교육지원청에서는 신규교사 연수 강사로 참여했다. 앞으로 모두가 쉽게 그림 그리는 법을 연구하여 많은 대중들에게 알리고 싶은 목표가 있으며 개인적으로는 웹툰 및 애니메이션 제작을 꿈꾸고 있다.

저자 소개

김진현 (김해신명초등학교 교사)

    현직 초등학교 교사이자 '참쌤의 콘텐츠 스쿨' 3기로 활동하면서 교육 콘텐츠 개발 활동에 참여하고 있다. 2017년 'KBS 대한민국 1교시' 애니메이션 제작에 참여했으며 아이스크림 원격교육연수원 '신규임용' 핵심 가이드북에 만화 삽화 작업을 진행했다. 이번 초등 아이스크림 원격연수원에서는 '참쌤스쿨 그림교실, 교사가 최고의 콘텐츠다' 연수 과정 제작에 참여했다. 개인적으로 선생님들의 교실 상담 사례, 교실 현상 등을 만화로 그리고 싶은 목표가 있다.

4.
도형 그림으로
학급 운영하기

아이들은 보통 텍스트보다 이미지를 더 선호하는 경향이 있습니다. 그래서 이미지를
활용하면 아이들에게 더 친숙하게 다가설 수 있고 아이들의 흥미를 끌어내기도 쉽지요.
하지만 학급에서 이미지를 활용하는 데에는 몇 가지 문제가 따르기도 합니다.
첫 번째는 필요한 이미지를 열심히 찾지만 내가 생각했던 이미지를 찾기란
쉽지 않다는 것입니다. 두 번째는 어렵게 찾은 이미지라 하더라도 저작권이 있어
자유롭게 사용하기 어렵다는 점입니다. 이런 이유로 직접 이미지를 제작해서 활용하고 싶은
선생님들이 많습니다. 그러나 스스로 그림 실력에 자신도 없고, 직접 그린 그림을
누군가에게 보인다는 부담감에 이미지 창작에 큰 어려움을 느끼는 분들이 대다수입니다.
이번 차시는 위와 같은 이유로 어려움을 겪는 선생님들을 위해
그림 초보자라도 누구나 쉽게 그림에 접근할 수 있는 도형 그림에 대해 소개하고자 합니다.

1. 도형 그림이란?

도형 그림은 대상을 상징적으로 파악한 후 간단한 기본 도형을 이용해 그린 그림을 말합니다. 도형 그림의 특징은 핵심만 간단한 그린다는 것입니다. 그래서 학생들이 도형 그림을 그리며 대상을 상징화하게 되고, 그 과정을 통해 더 다양하고 개성있는 표현을 나타낼 수 있습니다. 그만큼 높은 사고력이 요구되어 교육적이고 효과적인 그리기 방법입니다.

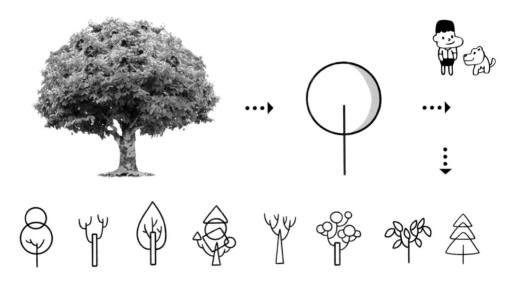

2. 도형 그림의 장점

그리기에 어려움을 표하는 아이들에게 도형 그림은 세발자전거 같은 것이라고 생각합니다. 추락의 위험 부담 없이 그냥 즐겁게 타는 것 말입니다. 결과물이 대체로 좋기 때문에 학생들은 즐겁게 그릴 수 있으며 적당한 모양자를 이용하면 원이나 사각형을 그리기도 어렵지 않습니다. 쉽고 재미있게 그릴 수 있다는 것이 도형 그림의 가장 큰 장점입니다. 사실 그린다는 것의 첫 번째 가치는 '즐거움'입니다. 이 부분은 100% 충족되는 것 같습니다. 만약 더 고난도의 두발자전거를 타고 싶다면 그 때부터는 고난과 역경이 따르겠죠? 두발자전거는 이제 타고 싶은 아이들이 타게 두시면 됩니다.

사실 도형 그리기 수업이 다루는 내용인 얼굴의 비율과 형태는 미술의 매우 작은 부분에 속할지도 모릅니다. 초등교사가 어떤 특정한 과목 기술적인 면을 배운다는 것은 시간적으로 낭비일지 모릅니다. 하지만 1/2로 구성되어진 얼굴비율과 도형 몇 개의 조합으로 다양한 얼굴을 그릴 수 있다는 것은 재미있고 경제적이라고 생각됩니다. 선생님인 자신이 쉽고 즐겁게 그릴 수 있다면 아이들도 즐겁게 배울 수 있을 것입니다.

학급에서 가장 많이 사용하는 그림은 바로 인물입니다. 그러나 그리기 가장 까다로운 것도 인물 그림이지요. 그 이유는 인물을 구성하는 요소가 복잡하고 조금만 형태가 달라져도 다른 동작, 다른 감정을 표현하기 때문입니다. 이렇게 복잡한 인물을 도형을 이용해 쉽게 그릴 수 있다면 그림을 활용해 학급 운영을 해 나가는데 자신감을 키울 수 있을 것입니다.

01 ▶ STEP1 얼굴 위치 및 몸통 기울기 표현하기

- 눈사람을 뒤집은 형태의 기본 도형을 그립니다.
- 동작에 따른 몸통과 얼굴의 위치를 관찰 후 얼굴 위치를 잡습니다.
- 동작에 따른 몸통의 기울기를 관찰 후 몸통의 가로선을 그어 기울기를 표현합니다.

02 **STEP2 얼굴 각도 및 얼굴 표정 그리기**

• 동작에 알맞은 얼굴 각도를 정하고 표현합니다.
• 동작에 알맞은 얼굴 표정을 그려 얼굴을 완성합니다.

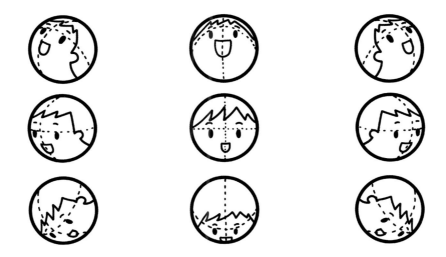

① 눈은 얼굴의 가로 중심선에 걸치도록 그린다.
② 얼굴을 위 아래로 움직일 때 눈썹과 눈, 입 사이 간격이 눈 쪽으로 모여 좁아지도록 그린다.
③ 얼굴을 좌우로 움직일 때 세로 중심선 뒤편에 있는 눈을 중심선 쪽에 더 가깝게 그린다.

① 감정 표현을 결정짓는 3요소(눈썹, 눈, 입 모양)를 변화시켜 표정을 그린다.

② 코는 화를 낼 때 벌렁벌렁 거리는 것을 제외하고는 특별히 감정표현에 쓰이지 않는다.

03 ▶ **STEP3 동작에 맞는 손과 발 위치 잡고 그리기**

손과 발이 정확하게 위치를 잡았다면 팔다리 선을 연결하지 않더라도 표현하고자 하는 동작으로 보일 수 있습니다.

• 표현하고자 하는 동작을 할 때 손과 발의 위치를 관찰합니다.

• 손과 발을 동작에 알맞은 위치에 그립니다.

04 ▶ **STEP4 팔다리의 시작점인 어깨와 골반 위치 잡고 손과 발 연결하기**

• 동작에 따라 팔다리가 시작되는 어깨와 골반의 위치를 그립니다.

• 어깨와 손을 연결지어 팔을 그리고 골반과 발을 연결지어 다리를 그립니다.

일반적으로 바로 서있을 때 어깨와 골반은 몸통의 옆선 위에 위치하지만
손과 발이 앞이나 뒤로 나가는 경우 어깨와 골반은 손과 발의 진행 방향과 같은 방향으로
움직입니다. 즉 달리기 동작에서 앞으로 나간 손과 발의 어깨와 골반은 앞으로 나아가서
몸통의 옆선보다 앞쪽에 그려주어야 합니다.

위 그림을 따라 그려보세요.

위 그림을 따라 그려보세요.

위 그림을 따라 그려보세요.

위 그림을 따라 그려보세요.

위 그림을 따라 그려보세요.

위 그림을 따라 그려보세요.

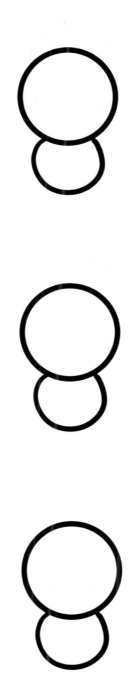

PIXLR프로그램 이용한 손 그림 디지털화하기

픽사 사이트 접속

인터넷 주소창에 http://pixlr.com를 입력하여 픽사 사이트에 접속합니다. 그리고 아래로 스크롤을 내려보면 픽사 에디터라는 프로그램을 실행할 수 있는 메뉴가 나타납니다. 픽사 프로그램은 컴퓨터에 설치 없이 온라인으로 실행하는 클라우드형 무료 이미지 편집 프로그램입니다. 따라서 컴퓨터가 온라인 상태여야 합니다.

프로그램 실행

픽사 에디터 메뉴의 LAUNCH WEB APP을 누리면 프로그램이 인터넷 브라우저 창에 나타납니다. 메뉴가 나타나면 컴퓨터로부터 이미지 열기를 누릅니다. 파일 열기 창이 나오면 앞서 저장해두었던 스캔한 JPG 그림을 불러옵니다.

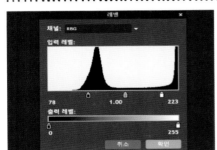

스캔 그림 보정하기

스캔한 그림 파일이 열리면 그림 파일의 레벨 값을 보정해 주어야 합니다. 단축키 Ctrl+L을 눌러 레벨 조정 창을 띄웁니다. 그래프 아래 3개의 검정, 회색, 흰색 막대가 있는데 흰색과 검정색을 회색 쪽으로 조금씩 옮겨 흰색 바탕은 더 회게 라인색은 더욱 검게 보정합니다.

(각각의 스캔 상태에 따라 조정해야 하는 수치가 다릅니다. 검정색 라인이 선명하게 보이도록 조정해 주시면 됩니다.)

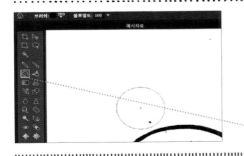

잡티 지우기

지우개 툴(E)로 흰색 배경에서 눈에 띄는 잡티를 지워 줍니다. 지우개의 크기가 작을 땐 강단 옵션 바에서 브러쉬 크기를 조절해주세요.

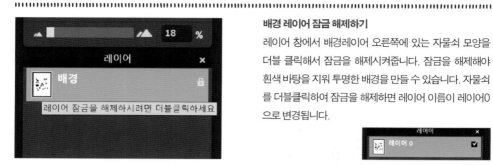

배경 레이어 잠금 해제하기

레이어 창에서 배경레이어 오른쪽에 있는 자물쇠 모양을 더블 클릭해서 잠금을 해제시켜줍니다. 잠금을 해제해야 흰색 바탕을 지워 투명한 배경을 만들 수 있습니다. 자물쇠를 더블클릭하여 잠금을 해제하면 레이어 이름이 레이어0 으로 변경됩니다.

마술봉 툴로 배경 지우기

마술봉 툴(W)을 선택하고 흰색 바탕을 클릭합니다. 그러면 흰색 바탕 영역이 선택됩니다. 키보드에 DEL키를 눌러 선택 영역을 지워주면 배경이 투명하게 됩니다.

(마술봉 툴의 상단 옵션 바에서 연속에 체크해주어야 그림 그림 속 흰색은 선택되지 않아 남아있게 됩니다. 연속을 해제하면 모든 흰색이 선택되어 선만 남게 됩니다.)

그림 속 추가 배경 지우기

경계에 둘러싸여 있는 그림 속 배경은 앞서 선택되지 않았기 때문에 다시 마술봉 툴로 선택해서 지워줍니다. 하나 선택하고 DEL키를 눌러 지우기를 반복해도 되고 Shift키를 누르고 원하는 곳을 계속 클릭해 선택 영역을 추가하면서 마지막에 DEL키를 눌러 한꺼번에 지워도 됩니다.

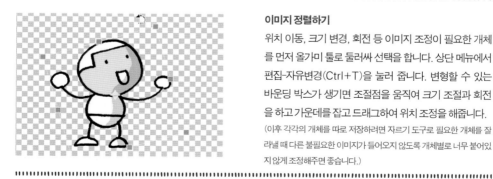

이미지 정렬하기

위치 이동, 크기 변경, 회전 등 이미지 조정이 필요한 개체를 먼저 올가미 툴로 둘러싸 선택을 합니다. 상단 메뉴에서 편집-자유변경(Ctrl+T)을 눌러 줍니다. 변형할 수 있는 바운딩 박스가 생기면 조절점을 움직여 크기 조정과 회전을 하고 가운데를 잡고 드래그하여 위치 조정을 해줍니다.

(이후 각각의 개체를 따로 저장하려면 자르기 도구로 필요한 개체를 잘라낼 때 다른 불필요한 이미지가 들어오지 않도록 개체별로 너무 붙어있지 않게 조정해주면 좋습니다.)

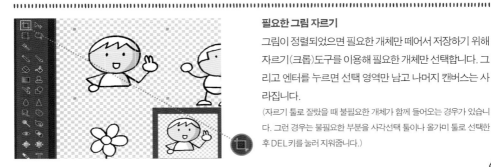

필요한 그림 자르기

그림이 정렬되었으면 필요한 개체만 떼어서 저장하기 위해 자르기(크롭)도구를 이용해 필요한 개체만 선택합니다. 그리고 엔터를 누르면 선택 영역만 남고 나머지 캔버스는 사라집니다.

(자르기 툴로 잘랐을 때 불필요한 개체가 함께 들어오는 경우가 있습니다. 그런 경우는 불필요한 부분을 사각선택 툴이나 올가미 툴로 선택한 후 DEL키를 눌러 지워줍니다.)

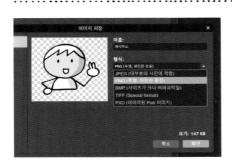

저장하기

상단 메뉴에서 파일-저장을 선택합니다. 그림과 같은 이미지 저장 창이 나타나면 저장 형식을 PNG로 선택하여 줍니다. 그러면 미리보기 창에서 투명이던 배경이 살아나는 것을 확인할 수 있습니다. 이후 확인을 눌러 바탕화면 등 찾기 쉬운 폴더에 알맞은 이름으로 저장하여 줍니다.

예시자료1

저자 소개 **정원상 (함양 서상초등학교)**

참쌤스쿨 1기 멤버이자, 일러스트 제작 활동을 주로 하고 있다. 인디스쿨과 네이버 블로그에서 '양송이샘'으로 활동하고 있으며 학급에 필요한 디자인 자료와 학습자료 등을 제작하여 공유하고 있다. 2014년부터 여러 곳에서 포토샵, 일러스트레이터 및 비주얼 씽킹 강의를 진행 중 이며 2016년까지 한국청소년상담복지개발원 웹진에 웹툰을 연재했다. 2017년에는 국정도서 1,2학년 안전교과서 표지 및 삽화를 제작했으며 초등 아이스크림 원격교육연수원 '참쌤스쿨 그림교실, 교사가 최고의 콘텐츠다' 연수 강좌 제작에 참여했다. 평소 아동문학과 그림책 창작에 관심을 가지고 꾸준히 공부하고 있으며 재미난 이야기와 그림으로 아이들이 즐길 수 있는 콘텐츠를 제작하는 것이 꿈이다.

저서 도서『리얼 교실 웹툰 1반 선생님』(천재교육, 2016)
도서『초등 수업을 살리는 놀이 레시피』(천재교육, 2016)
도서『교사독립선언 세 번째 이야기』(에듀니티, 2016)
도서『디지털 학급운영 콘텐츠』(즐거운학교, 2017)

캐리커처 그리기와 이모티콘 만들기

본 차시에서는 캐리커처와 이모티콘 두 가지 내용을 다루고자 합니다.

먼저 캐리커처와 이모티콘의 의미에 대해 알아본 뒤, 안내에 따라 직접 그려보도록

하겠습니다. 캐리커처 파트에서는 그리고자 하는 대상의 정면 모습을 관찰하여

쉽고 간단하게 캐리커처로 나타내는 방법을 배울 수 있으며,

이모티콘 파트에서는 감정을 나타내는 이모티콘을 그리고 색칠한 뒤 디지털화하는

방법을 알아보도록 하겠습니다. 그다음으로는 이렇게 만들어 낸 결과물을 교실에서

어떻게 활용할 수 있는지 다양한 사례를 통해 만나보겠습니다.

그럼 여러 가지 도구를 통해 우리 반을 더욱 생동감 있고 행복하게 만드는

수업을 시작해 볼까요?

우리는 각종 축제나 행사장에서 누군가를 앉혀 놓고 그 모습을 열심히 그리는 광경을 본 경험이 있을 것입니다. 재미있는 점은 그 대상을 실제와 똑같이 그리는 것이 아니라, 얼굴의 여러 부분을 과장해서 그린다는 것입니다.

캐리커처(Caricature)란 그리고자 하는 대상의 특징을 잡아 익살스럽게 과장하여 표현한 그림입니다. 대상에 대한 세심한 관찰이 요구되며 꾸준한 연습이 이루어져야 대상과 비슷한 느낌을 낼 수 있는 그림이기도 합니다.

사실 모두가 캐리커처를 꼭 잘 그리거나 똑같이 그릴 필요는 없습니다. 중요한 점은 캐리커처를 통해 내가 그 사람에게 얼마나 관심이 있는지를 전달할 수 있다는 것입니다. 잘 그렸든 못 그렸든, 캐리커처는 사람과의 관계를 원활하게 만드는 데 탁월한 효과가 있다고 자부합니다. 아래의 방법을 차근차근 따라 하면 똑 닮게 그리진 못하더라도 어느 정도 닮은 느낌을 담아낼 수 있을 것입니다.

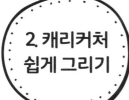

평소에 그림을 잘 그리지 않던 사람이 캐리커처를 어느 정도 소화해내기 위해서는 아래의 요령들을 꼭 기억해야 합니다.

▶ 01 얼굴 각 부분(눈, 코, 입 등)을 단순하게 그린다.

본 강의에서는 얼굴의 각 부분을 4 ~ 5가지만 제시할 예정입니다. 여러분은 그 중에서 대상과 가장 비슷한 모양을 골라서 그리면 됩니다. 어느 정도 숙달된 후에는 모양의 종류를 점차 늘리거나 응용할 수 있습니다.

보통 얼굴을 그릴 때 눈부터 그리는데, 본 강의에서는 코부터 시작하여 눈, 눈썹, 귀, 입 순으로 그리는 방법을 알려드리겠습니다. 이는 얼굴의 중심에 보통 코가 위치하므로 코를 중심으로 각각의 위치를 정확히 잡기 위함입니다. 이 방법을 적용하면 사전 스케치 없이 빠르고 간단하게 캐리커처를 그릴 수 있습니다.

- 얼굴 각 부분의 위치를 고려하여 그린다.
- 얼굴 각 부분의 크기를 고려하여 그린다.

얼굴의 각 부분을 그려 넣을 때는 위치와 크기를 고려하여 그리도록 합니다. 눈과 눈 사이의 거리가 어떤지, 입술은 코와 턱 사이 어디쯤 넣어야 할지 등을 미리 고민해두면 좋습니다. 그리고 크기를 조절할 때에는 과감하게 크거나 작게 그리도록 합니다.

02 캐리커처 그리는 과정

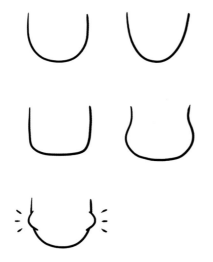

① 얼굴형을 먼저 그려준다. **둥근 얼굴, 긴 얼굴, 각진 얼굴, 통통한 얼굴 중 가장 가까운 형태의 얼굴을 그린다.** 광대가 도드라진 경우 강조하여 표현해도 좋다.

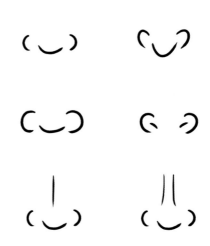

② 다음으로 얼굴 한가운데에 코를 그려준다. **코끝과 콧방울의 크기, 콧구멍이 얼마나 보이는지 여부를 잘 관찰하여 그려야 한다.** 코 위에 1줄이나 2줄의 선을 그어주는 것이 좋다.

③ 코 위에 눈을 그린 뒤 다시 그 위에 눈썹을 그린다. 쌍꺼풀과 속눈썹, 애교살 여부에 따라 조금 더 꾸며줄 수 있다. 이때 **눈과 눈 사이의 거리, 눈썹과 눈 사이의 거리를 고려하여 그린다.**

④ 귀는 3가지 모양 중 골라서 그린다. 자신의 귀를 잘 관찰하여 **귓바퀴와 귓불 중 도드라진 쪽을 강조해준다.**

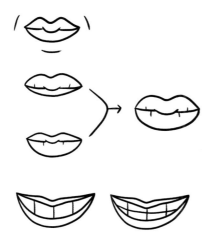

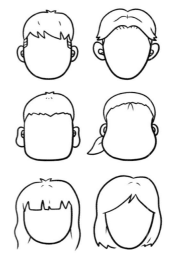

⑤ 코 아래에 입술을 그려준다. **윗입술과 아랫입술 중 어디가 두꺼운지 관찰하고, 입술과 코 사이의 거리, 입술과 턱 사이의 거리를 고려하여 그린다.** 웃는 입일 경우 윗니만 보이는지, 윗니와 아랫니 둘 다 보이는지도 세심히 관찰하자. 입 주위에 주름을 넣는 것도 좋으나 나이가 들어 보이니 주의해야 한다.

⑥ 마지막으로 머리 스타일을 그려 완성한다. **머리를 완전히 뒤로 넘기는지, 옆으로 살짝 넘기는지, 앞으로 내리는지를 고려하여 적절히 그려준다.**

⑦ 완성!!

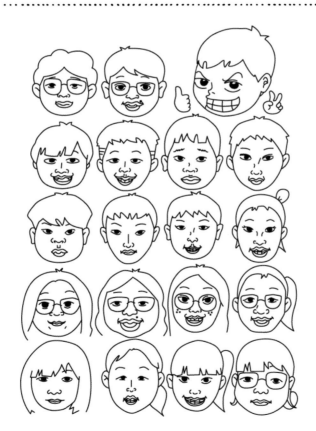

⑧ 이제 주변 사람들의 얼굴을 그려보자!

학기 초 친교 활동으로 캐리커처를 도입하여, 서로의 얼굴을 세심하게 관찰하고 즐겁게 캐리커처를 그려봅니다. 친구들과 서로를 더 이해하고 친해지는 계기가 될 수 있습니다.

잘 쓴 일기장에 댓글을 써주는 것 뿐만 아니라 캐리커처를 넣어주면 매우 특별한 보상이 될 수 있습니다. 또는 도장으로 제작하여 간편하게 콩콩 찍어주는 방법도 좋습니다.

학생들 얼굴을 캐리커처로 그린 뒤 반티로 제작하면 소속감과 친밀감을 부여할 수 있습니다. 단, 그림을 어느 정도 디지털화할 수 있어야 하고 전학생이 올 경우를 대비해야 합니다.

캐리커처 그리기, 실습해 봅시다

앞에서 배운대로
얼굴형 → 코 → 눈 → 눈썹
→ 귀 → 입 → 머리 순서로
그려봅시다.

〈 PART 2 〉

1. 이모티콘 이란?

이모티콘은 감정(emotion)과 아이콘(icon)을 합친 말로, 주로 온라인에서 감정을 재미있게 표현하고자 할 때 사용합니다.
이모티콘의 시초는 1982년 카네기 멜론 대학의 스콧 팰만 교수가 대학교의 컴퓨터 과학 게시판에서 웃는 표정의 이모티콘 :-) 과 울상 짓는 표정의 이모티콘 :-(을 최초로 제안한 것이라고 합니다. 이를 계기로 많은 이모티콘이 파생되었으며 전 세계에서 각국의 문자를 활용한 재미있는 이모티콘이 많이 만들어졌습니다.
평소에 그림을 잘 그리지 않던 사람이 캐리커처를 어느 정도 소화해내기 위해서는 아래의 요령들을 꼭 기억해야 합니다.

:-)		:-D	
:)	미소	:D	웃음
=)		XD	
:-(		:-P	메롱
:(	울상	:p	
)-:		;-)	윙크
:'-(		;)	
:|	침묵	:-O	놀람
:/	불만	:O	

서양식 이모티콘

(^_^)		(;_;)	
(^^)		(T_T)	
(^-^)		;ㅅ;	
(^o^)	웃음	ㅠㅠ	
^^		ㅜㅜ	슬픔
^.^		ㅠ_ㅠ	
^ㅁ^		ㅜ_ㅜ	
ㅇㅅㅇ		ㅜ.ㅜ	
ㅇㅁㅇ	놀람	(_ _)	꾸벅
ㅁㅅㅁ		ㅡㅡ	삐짐

동양식 이모티콘

재미있는 점은, 서양에서는 주로 입이 모양을 통해 감정을 전달하는 데 반해 동양에서는 주로 눈의 모양을 통해 감정을 전달한다는 것입니다.
이후에 이모티콘은 간단한 그래픽 이미지로 나타나기 시작했으며 2010년에는 그래픽 이모티콘이 아예 유니코드에 추가되어 이미지가 아닌 일종의 문자로 취급되기 시작합니다.

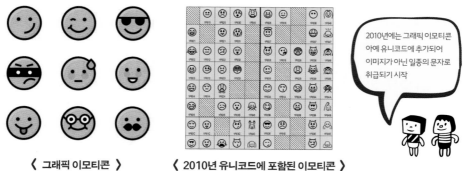

〈 그래픽 이모티콘 〉 〈 2010년 유니코드에 포함된 이모티콘 〉

2010년에는 그래픽 이모티콘 아예 유니코드에 추가되어 이미지가 아닌 일종의 문자로 취급되기 시작

최근에는 휴대폰을 통한 온라인 채팅이 더욱 활성화됨에 따라 더 재미있고 적절한 이모티콘에 대한 수요가 많아졌습니다. 이모티콘은 크기가 훨씬 커지면서 캐릭터의 형태를 나타내게 되었고 움직임이 추가되기도 합니다. 변화된 이모티콘은 스티커(sticker)라는 이름으로도 불리게 되었으며, 최근에는 온라인 메신저를 벗어나 각종 SNS, 카페, 블로그 등에서 사용되고 있을 만큼 현대에서 중요한 의사소통 수단으로 자리매김하고 있습니다.

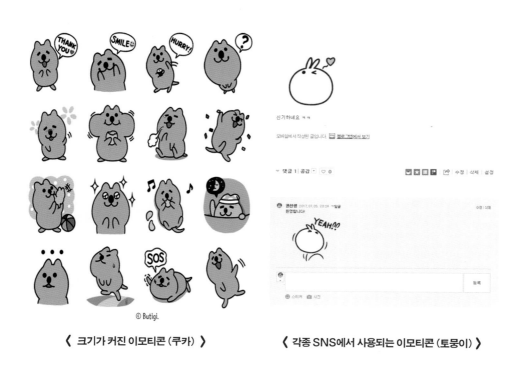

〈 크기가 커진 이모티콘 (쿠카) 〉 〈 각종 SNS에서 사용되는 이모티콘 (토뭉이) 〉

〉〉교육과정과 이모티콘

교육과정을 살펴봤을 때 이모티콘을 활용하기 좋은 수업은 다음과 같습니다.

반언어적·비언어적 표현의 효과를 이해하고 활용하는 수업

반언어적 표현(2015 개정 교육과정에서는 준언어적 표현으로 표기)은 억양, 어조, 강세, 리듬 등을 말하고 비언어적 표현은 표정, 몸짓 등을 말합니다. 이모티콘의 경우 온라인 대화에서 사용되는 비언어적 표현이라고 할 수 있습니다. 현실에서 나타나는 비언어적 표현을 그림으로 옮겨와 이모티콘으로 재탄생시키는 활동을 통해 비언어적 표현에 대한 개념을 이해할 수 있습니다. 또한 반언어적 표현을 배울 때도 효과적인 보조 자료로 활용할 수 있습니다.

_〈2009 개정 교육과정 3~4학년군 국어 듣기·말하기 영역 내용 성취기준〉

자신의 느낌과 생각을 나타낼 수 있는 기호, 상징 등 간단한 시각 이미지를 만드는 수업

미술 교과에서 이모티콘 만들기 활동은 상징적인 의미를 담고 있는 시각 이미지를 만드는 활동이 될 수 있습니다. 순수미술이라기보다는 일종의 실용적인 디자인 과정을 경험하게 되는 셈입니다. 이 성취기준과 관련한 이모티콘 활동을 하고자 한다면 자신만의 캐릭터를 만드는 활동을 먼저 하는 것이 좋습니다. 이미 만든 캐릭터를 사용하여 여러 가지 감정을 나타내는 이모티콘을 만드는 것이 수월하기 때문입니다.

_〈2009 개정 교육과정 3~4학년군 미술 체험 영역 내용 성취기준 〉

2 아이들과 이모티콘 제작하기

이모티콘을 제작하는 순서는 아래와 같습니다.

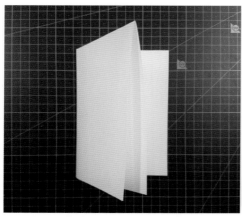

두 번 접은 A4 용지

① A4 용지를 반으로 두 번 접고 다시 펼칩니다.
네 개의 이모티콘을 만들기 위해 A4 용지를 두 번 접어 네 개의 칸을 만듭니다.

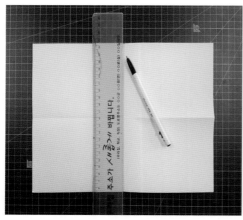

경계선을 그린
A4용지

② 접은 선을 따라 자를 대고 반듯한 경계선을 만들어 줍니다.
자를 대고 그린 선은 이모티콘을 디지털화할 때 각 이모티콘을 구분하는 경계선이 됩니다.

③ 각 칸에 감정을 나타내는 이모티콘을 그립니다.

네 개의 칸 각각에는 네 개의 이모티콘을 채워서 그립니다. 캐릭터는 이미 만들어놓은
각자의 캐릭터를 활용하면 되는데, 만들어놓은 캐릭터가 없다면 새로운 캐릭터를 하나
만들면 좋습니다. 좋아하는 동물이나 사물을 생각하면 어렵지 않게 캐릭터를 만들 수 있습니다.

기쁨, 슬픔, 놀람,
화남의 감정을 담은
이모티콘

채색이 끝난 이모티콘

④ 굵은 테두리와 진한 채색으로 마무리합니다.

01 **이모티콘 디지털화하기**

학생들이 만든 이모티콘을 디지털화해서 학생들에게 나누어 주면 여러 상황에서 활용할 수 있으며, 학생들에게도 좋은 선물이 될 수 있습니다. 조금 오래 걸릴 수 있다는 단점이 있지만 다음 과정을 따라서 학생들이 만든 이모티콘을 디지털화해보겠습니다.

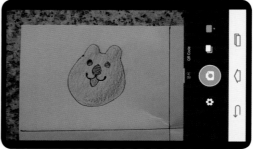

① 캠스캐너(Cam Scanner) 앱으로 이모티콘을 촬영합니다.

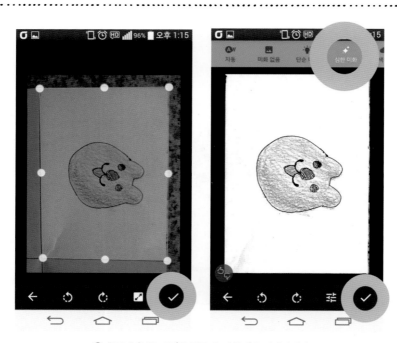

② 촬영 후 '심한 미화'를 적용하고 '확인'을 선택합니다.

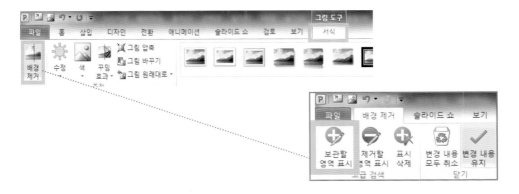

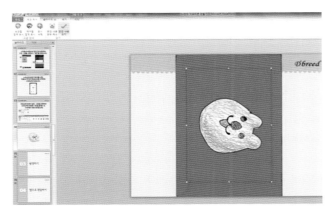

③ 파워포인트2010 이상에서 배경을 제거합니다.

파워포인트의 '배경 제거하기' 기능을 사용하면 배경을 자동으로 없앨 수 있는데, 컴퓨터가 미처 구분하지 못한 부분은 '보관할 영역 표시', '제거할 영역 표시'를 통해 다듬으면 됩니다. 여기서 주의할 점은 '파워포인트는 2010' 버전 이상부터 배경 제거하기 기능이 있으므로 그 전 버전을 사용하는 사람은 배경 제거하기 기능을 사용할 수 없다는 점입니다. 그리고 이모 티콘을 채색하지 않는다면 배경이 잘 구분되지 않으므로 흰색 이모티콘을 만들 때는 배경 제 거가 약간 수고로울 수 있습니다. 마지막으로 배경이 제거된 상태에서 그림을 선택한 뒤 마 우스 오른쪽 버튼을 누르고 '그림으로 저장'을 선택하면 배경이 제거된 png 그림 파일을 얻 을 수 있습니다.

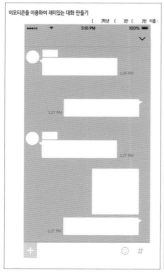  

〈 이모티콘 활동지와 학생 작품 〉

학생들이 만든 이모티콘은 비언어적·언어적 표현에 대한 수업에서 비언어적 표현을 이해하고 표현하는 활동에 쓰일 수 있습니다. 이때 메신저 모양의 활동지를 제공하면 더욱 실감 나게 이모티콘으로 비언어적 표현을 나타낼 수 있습니다.

또한, 반언어적 표현 요소를 학습할 때도 비언어적 표현 요소로서 이모티콘을 함께 제시하면 반언어적 표현 요소를 이해하는 데 도움이 됩니다. 그리고 반언어적 표현 요소와 비언어적 표현 요소의 차이를 이해하는 데에도 도움이 될 수 있습니다.

다음과 같은 대답이 나올 수 있는 상대방의 질문을 생각하여 써 봅시다.

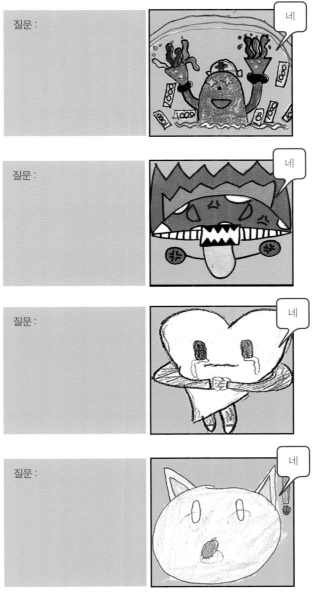

질문 :

질문 :

질문 :

질문 :

〈 반언어적 표현 요소 학습 과정의 보조 자료로 제공된 이모티콘 〉

디지털화한 이모티콘은 학생들에게 제공하여 PPT에 넣도록 하거나 프로그래밍 교육을 할 때 하나의 오브젝트로 활용해서 간단한 애니메이션을 만들 때 사용할 수 있습니다. 또 파워포인트에서 배경을 제거한 그림을 불러와 '도형 채우기' – '다른 채우기 색' – R 154, G 187, B211 값을 입력하여 메신저의 배경색과 유사한 배경을 채워 넣으면 실제 이모티콘과 유사하게 사용할 수도 있습니다.

마지막으로 디지털화한 이모티콘을 한데 모아 라벨지에 출력하여 스티커로 출력하면 학생들에게도 좋은 선물이 되고, 재미있는 교구로 제작도 가능합니다.

디지털화한 이모티콘의 다양한 활용 사례

저자 소개

김우용 (주문진초등학교 교사)

초등학교 교사이자 참쌤스쿨 멤버로 활동 중이며 웹툰, 일러스트, 애니메이션 등 다방면에 걸쳐 교육 콘텐츠를 생산하고 있다. 2016년부터 '선생님들의 그림축제'에서 캐리커처 강사로 활동 중이며 장애인의 날 '대한민국 1교시' 애니메이션 제작 참여했다. 또한 교육부 현장형 안전교육 콘텐츠 제작 및 초등 아이스크림 원격교육연수원 '참쌤스쿨 그림교실, 교사가 최고의 콘텐츠다' 연수 강좌 제작에 참여했다. 많은 사람들이 공감하고 즐길 수 있는 만화 작품을 제작하는 것이 앞으로의 목표이다.

저서 학교혁신레시피『행복한 학교를 꿈꾸다』(강원도교육청, 2016) 만화 책자 제작

저자 소개

최성권 (증안초등학교 교사)

웹툰 및 일러스트레이션, 게임 코딩 등의 활동을 주로 하고 있다. 카카오 이모티콘 '세상에서 가장 행복한 동물, 쿠카' 디자인 및 제작을 진행했으며 착한어린이신문에서 '미션왕 강태양'을 연재했다. 또한 한국콘텐츠진흥원과 한국교총에서 각각 게임리터러시를 통한 건전게임문화 직무연수, '마인크래프트로 수업하는 게이미피케이션 교실' 강의를 진행했다. 현재는 교사공동체 '스티브코딩' 유튜브 채널, 페이스북 페이지를 운영 중이며 게임을 통한 시뮬레이션 학습, 코딩 교육을 누구나 시도할 수 있도록 질 높은 교육 콘텐츠를 담는 유튜브 채널을 지속적으로 운영하는 것이 꿈이다.

저서 코딩학습만화『쿠카의 코딩크래프트』(제이펍, 2017)

함께 그려요

6.
아이들과 함께 하는 컬러링 자료 만들기

초등학교에서 컬러링, 즉 색칠 놀이 하는 모습은 쉽게 볼 수 있는 활동입니다.

아이들에게는 무언가를 그리는 활동보다 색칠하는 활동이

더 쉽게 느껴지기 때문입니다. 이런 이유로 컬러링은 아이들에게 쉽게 접근할 수 있다는

장점을 가진 매력적인 수업 도구입니다.

이번 차시에서는 컬러링을 조금 더 '유의미적'으로 접근하는 방법에 대해

알아보도록 하겠습니다.

1. 왜 컬러링인가?

컬러링에 대한 관심과 사랑은 아이들만큼이나 성인들도 못지않습니다. 다양한 컬러링 도안 책이 베스트셀러로 팔려 나가고 있는 요즘, 성인들은 단순한 작업인 색칠하기를 통해 어렸을 때의 추억을 회상하는 것뿐만 아니라, 몰입의 즐거움을 얻고 스트레스를 해소하고 있습니다. 이러한 컬러링의 장점은 아이들에게 훨씬 영향력 있게 다가갑니다. 그렇다면 컬러링에는 구체적으로 어떤 장점이 있으며 이를 학교 현장에 어떻게 적용하면 좋을지 살펴보겠습니다.

**2. 컬러링
수업의 장점**

01

수업에 활용도가 높다

컬러링은 어떤 것을 주제로 두느냐에 따라서 도안을 수 없이 많이 제작할 수 있습니다. 교과수업을 바탕으로 컬러링을 이용하여 학습정리를 원한다면 각 교과에 맞추어 컬러링을 제공할 수 있으며, 계기 교육 또한 컬러링을 이용하여 활동이 가능합니다.

위 컬러링은 6학년 '우주 정거장'에 나오는 주인공들의 모습입니다. 학생들은 컬러링을 칠하면서 어떤 생각을 했을까요?

02 심리적 거리를 좁힐 수 있다

아무리 좋은 자료나 내용이라도 아이들이 좋아하는 형태가 아니라면 아이들은 그 내용이 어떻든 관심이 없는 경우가 허다합니다. 귀여운 캐릭터에 컬러를 칠해 하나의 그림을 완성하고 싶은 욕구가 드는 굵고 깔끔한 도안과 하얀 면들. 다양한 무늬들이 아이들의 관심을 단숨에 끌 수 있는 컬러링은 이미 동기 유발 단계에서부터 성공이라고 할 수 있습니다.

어느 날, 독도 계기 교육을 위하여 두꺼운 독도 관련 책이 교실에 왔습니다. 학생들에게 쉬는 시간을 통해 둘러보라고 말해도 아이들은 독도 관련 도서를 잘 읽지 않는다는 것을 깨닫고 컬러링 자료를 제작하기 시작했습니다. 아이들은 컬러링과 실제 바위의 모습을 하나씩 비교해 보면서 즐겁게 컬러링을 시작했고, 하나씩 컬러링을 완성해가면서 성취감도 맛보았습니다.

3. 컬러링 교실에서 활용하기

01 교과서 단원 정리

교과서 삽화를 그대로 컬러링에 가져오거나, 컬러링 그림에 빈칸만 그려놔도 훌륭한 교과서 단원 정리 자료가 될 수 있습니다. 특히 사회과 역사와 관련하여 컬러링을 만들 때 컬러링의 장점은 빛을 발휘합니다. 컬러링을 역사 수업에 이용한다면 정치, 경제, 서민 문화 등을 따로따로 텍스트 형식으로 파악할 수밖에 없는 교과서의 한계에서 벗어나, 같은 시대에 다양한 생활상을 한눈에 파악할 수 있게 됩니다.

아래의 컬러링은 임진왜란과 병자호란을 설명하는 다양한 생활상을 제시함과 동시에, 보부상의 패랭이 모자까지 묘사하고 지도할 수 있어 교과서의 텍스트와 사진 자료의 한계를 극복한 역사 수업의 예라고 할 수 있습니다. 이처럼 학생들의 머릿속에 오랜 시간 남을 수 있도록 수업 내용을 이미지화시켜 제공하기 때문에 비주얼씽킹 효과까지 얻을 수 있습니다.

02 계기교육

세계시민교육을 어떻게 할까 고민을 하다가 세계의 전통의상과 함께 세계 전통춤을 지도할 수 있는 컬러링을 제공해 보았습니다. 물론 사진 자료로 간단하게 보여주고 끝낼 수 있었으나, 아이들 손으로 직접 컬러를 선택하고 색을 칠하는 과정을 통해 조금 더 세계전통의상의 특징이나 문양들을 자세히 볼 수 있었습니다.

03 학급운영 안내

학기 초, 아이들은 우리반에 어떤 활동들이 있을지 궁금해하고 우리 반만의 특색을 찾으려고 합니다. 이때 컬러링을 통해 아이들에게 학급 운영에 대한 대략적인 안내를 할 수 있습니다. 우유 급식 후, 우유 밑바닥에 이름을 쓰고 우유 통에 넣으면, 우유 뽑기를 통해 학급보상을 제공하는 활동을 할 수 있습니다. 또한 '안녕하세요'라는 코너를 만들어 아이들이 상담이 필요한 내용을 통에 적어 내면 매주 Best 고민을 뽑아 보상하는 활동도 가능합니다. 금요일마다

한 명씩 돌아가며 책을 소개하는 Fri-Book 코너와, 단위학교 특색사업인 아침 건강 달리기 등등 다양한 학교생활을 아이들의 얼굴을 넣어 컬러링 자료를 만들어 제공할 수 있습니다.

다양한 색을 사용하여 채색할 수 있도록 안내해 줍니다. 다만 과도하게 다양한 색상을 사용할 경우 어수선할 수 있으므로 주의하여야 합니다.

어떤 친구는 협박도 합니다. 어떻게 해야 할까요?

위에서 언급했던 '안녕하세요' 코너에서는 학생들이 각자의 고민을 쪽지에 적어 냅니다. 이를 그냥 읽어주면 사건이 일어난 상황을 정확히 파악하기 어려울 수 있습니다. 텍스트로만 내용을 전달한다면 그 학생이 고민이라고 생각했던 상황의 분위기를 전달하기 어렵기 때문입니다. 그러나 그림을 이용한다면 고민이라고 상담을 요청한 학생이 처한 분위기를 최대한 전달할 수 있게 됩니다. 그리고 Best 사연으로 뽑히면 그 학생의 고민이 그려진 도안으로 컬러링을 할 수 있게 제공합니다. 반 아이들이 한 친구의 고민을 같이 고민하고 삼삼오오 모여 색칠을 하다 보면 친구의 고민에 대해 자신의 의견이나 느낌을 쉽게 이야기할 수 있습니다.

4. 컬러링 도안 그리기

컬러링을 이용해서 학습하거나 계기 교육을 하고 싶은데, 학교마다 매년 달라지는 계기 교육에 딱 맞는 컬러링 도안은 어떻게 찾을 수 있을까요? 또는 우리 반만의 정체성이 들어간 컬러링 도안이 필요할 때에는 어떻게 해야 할까요? 이럴 때는 컬러링 자료 제작 방법을 이용하여 교사나 학생들이 직접 도안을 만드는 것이 필요합니다. 아래의 방법만 천천히 따라간다면 누구나 쉽고 간단하게 도안을 제작할 수 있습니다.

01 ▶ 삽화의 그림 이용하기

도안을 직접 그린다고 해서, 그림을 매우 잘 그릴 필요는 없습니다. 교과서나, 책에 있는 삽화를 그대로 따라 그리기만 하면 됩니다. 아래의 그림은 학년 윤독 도서의 삽화를 이용하여 주인공을 그린 예시입니다. 조금 빼먹거나 삐뚤게 그려도 괜찮습니다. 아이들은 흥미진진하게 그림을 보면서 누구인지 맞추려고 할 것입니다

02 ▶ 인물 주위로 소품이나 배경 그리기

그 뒤로는 주인공 주위로 소품이나 배경을 그리는데, 중력이나 원근감, 크기 따위는 무시하고 자유롭게 빈 곳을 채워주는 느낌으로 그려줍니다

03 빈 곳에 무늬를 넣어 가득 찬 느낌 주기

중간 중간 가득 찬 느낌을 위하여 무늬를 그리거나 다른 소품들을 더 그려줍니다.

04 컬러링 도안 그릴 때 주의할 점

컬러링 도안을 그리는 것은 매우 쉬운 듯하지만 초등학생들의 수준에 맞추기 위해서는 몇 가지 유의할 점이 있습니다.

〉〉 단순하게 그리기

어렵거나 무늬가 아름답다고 해서 무조건 좋은 컬러링은 아닙니다. 보자마자 '색칠이 힘들 것 같다'라는 생각이 들게 하는 컬러링은 초등학교에서 그다지 좋은 자료는 아닙니다. 단순하면서도 쉬운 도안을 제공하되 학생들의 개인적 능력에 따라 그러데이션이나, 무늬를 더 넣을 수 있도록 지도하여 난이도를 조정하는 방법이 좋습니다.

〉〉닫힌 공간 만들기

공간이 닫혀있어 다른 공간과 분리되어 있지 않으면 아이들은 그것을 분절적으로 보지 않고 무조건 같은 색으로 칠해야 한다는 생각을 하게 됩니다. 반드시 닫힌 공간으로 색칠할 곳을 정확하게 명시해주어야 컬러링 할 때 혼란스러움이 덜합니다.

05 함께하는 컬러링, 협동화 그려보기

그림 실력과 상관없이 아이들 모두가 함께 즐겁게 참여하는 미술 활동 중 하나가 바로 협동화입니다. 각각의 작은 그림이 모여 큰 그림이 되는 순간, 아이들의 감탄사가 절로 나옵니다. 이처럼 협동화는 교사와 학생 모두가 만족도, 성취도를 느낄 수 있으며 학급 구성원으로서 소속감을 느낄 수 있는 매우 유익한 미술 활동이라고 할 수 있습니다.

〉〉협동화 도안의 특징

일반적인 컬러링 도안으로도 충분히 협동화 활동을 할 수 있지만 여러 명이 함께 하는 미술 활동의 특성상 협동화 도안은 다음과 같은 특징을 가질수록 좋습니다.

전체적인 형태가 명료한 도안 여러 명이 전체 그림을 나누어 각자 부분만 칠하다 보니 도안이 나타내는 바가 명확하지 않으면 아무런 의미 없이 단순히 칸을 채우는 활동에 그치기 쉽습니다. 복잡하지 않고 단순하며 나타내고자 하는 바가 명확한 도안을 제작해야만 각자 자신이 컬러링 하는 공간의 의미를 알고 어울리는 색을 칠할 수 있습니다. 또한 여러 명이 각자의 색감으로 칠하기 때문에 도안이 단순할수록 색이 주는 아름다움에 보다 집중할 수 있습니다.

특히 협동화 도안은 하나의 그림을 여러 조각으로 나누어 인쇄하므로 원본 도안보다 훨씬 커지는 특성이 있기 때문에 도안을 그릴 때 너무 자세하고 세밀하게 그리면 확대되는 과정에서 지저분해 보일 수 있으므로 주의해야 합니다. 세부적인 표현은 학생들이직접 컬러링을 하며 강조하는 것이 더 재미를 줍니다.

색칠 구역이 분명한 도안 협동화 도안을 분할하여 작업할 때 도안의 색칠 공간이 명확하게 구분되어 있지 않다면 나중에 전체 조각을 맞추고 나서 그림과 바탕이 구분되지 않아 혼란스러워 보일 수 있습니다. 다음 그림에서 보면 왼쪽과 같이 도안을 만든 경우 선과 선이 만나지 않아 여러 칸에 걸쳐서 색이 칠해지기 때문에 그림이 잘 나타나지 않는 현상이 발생하는데요. 오른쪽 그림처럼 선과 선이 명확하게 맞물려 그려질수록 칠하고자 하는 공간이 잘 드러나게 됩니다.

색칠거리가 많은 도안 전체 그림을 여러 조각으로 나누다 보면 간혹 다양하게 색칠할 부분이 없는 단순한 조각이 발생하기도 합니다. 또한 색칠할 의지가 넘치는 아이들에게 너무 칠할 거리가 없는 부분이 주어지는 경우 불만이 생길 수도 있습니다. 따라서 어떤 조각을 받아도 충분히 컬러링 할 수 있는 협동화 도안을 만들기 위해 전달하고 싶은 메시지를 보다 명확히 나타내면서도 아이들이 색칠할 공간을 충분히 나누어 줄 필요가 있습니다.

아래 그림처럼 구명조끼와 튜브를 타고 있는 어린이 그림뿐만 아니라 선생님이 전달하고자 하는 바를 글자로 명확히 전달할 수 있는 말풍선 그리고 물방울 등의 요소를 통해 색칠 공간을 더 다양하게 만들어 줄 수 있는 도안이 좋습니다.

5. 수업에 활용 및 응용하기

01 ▶ **협동화 도안 만들기**

특별한 컴퓨터 프로그램 없이 교실에서 쉽게 구할 수 있는 준비물로 협동화 도안을 만드는 과정은 다음과 같습니다. 필요한 준비물로는 그림을 그리기 위한 종이, 연필, 지우개, 검정 사인펜과 그림을 스캔하기 위한 스캐너 또는 스마트폰 어플인 캠스캐너(CS) 등이 있습니다.

1 연필로 스케치하기

2 검은색 사인펜으로 진하게 선 그리기

3 스캔 하기

4 그림 분할하기

5 인쇄하기

》 STEP1 연필로 스케치하기

협동화 도안은 여러 사람의 손을 모아 함께 하는 작업이니만큼 일반 컬러링보다 주제를 단순하게 나타낼 수 있는 스케치 구성이 좋습니다. 주제를 정하고 주요 그림을 간단히 스케치하는 연습을 해본 후 3~5가지 정도 주제에 알맞은 그림 요소를 선택합니다. 예를 들어 주제를 '안전한 여름 생활'이라고 정했다면 주제와 관련된 그림을 다음과 같이 그려보는 것이 좋습니다.

강한 햇볕을 조심하라는 메시지를 담기 위해 파라솔 그늘 아래 편안한 표정의 사람을 그립니다. 파라솔을 그릴 때 펼쳐진 천을 3개의 칸으로 쪼개어 색칠할 공간을 늘리고 손은 되도록 간략하게 표현해줍니다. 또 준비운동을 하는 움직임을 표현하기 위해 1,2,3,4와 같은 숫자 구령을 함께 그려주고, 머리카락이 찰랑거리는 모습을 아주 단순하지만 효과적인 형태로 나타냅니다.

이때, 선을 그리더라도 면 형태로 바꾸어 표현하면 색칠할 공간이 생깁니다. 특히 '신나는 여름'과 같이 글자들은 컬러링의 주제를 강하게 나타낼 수 있는 효과적인 그림 요소이며, 의미를 분명하게 나타낼 뿐만 아니라 색칠 공간으로써의 역할을 충분히 수행할 수 있습니다. 또한 그림에 서툰 사람도 글자는 쉽게 그릴 수 있다는 장점이 있어 활용하는 것이 좋습니다. 주제를 나타낼 수 있는 그림 요소를 충분히 연습해보았다면 이제 전체적인 도안을 구성하기 위해 각각의 그림 요소를 배치해가며 스케치를 합니다.

스케치하는 종이는 미리 굵은 선을 인쇄한 후 그리면 나중에 그림 조각들을 합칠 때 편리하고 액자의 역할을 할 수도 있습니다. 그래서 컴퓨터에서 미리 만들고자 하는 도안의 가로, 세로의 비율을 정하고 테두리를 그리면 전체적인 모양을 쉽게 표현할 수 있습니다. 오른쪽 그림과 같이 가로가 긴 테두리를 미리 인쇄한 후 그리면 일반적인 교실에 있는 후면 게시판에 게시할 때에 잘 어울립니다. 또 A4용지 비율대로 도안 테두리를 그리는 경우는 나중에 분할된 그림이 합쳐진 후의 전체적인 협동화 크기를 가늠하기 좋습니다.

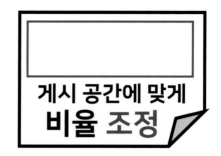

**협동화로
만들 때에는
좀 더 굵게**

**게시 공간에 맞게
비율 조정**

계획한 협동화의 모양과 비율을 고려하여 테두리를 인쇄하였다면 치우치지 않게 주제를 나타내는 그림 요소를 전체 면에 골고루 배치해 봅니다. 그림 요소를 살짝 겹치게 배치를 해야 바탕의 색칠 공간이 자연스럽게 쪼개질 수 있습니다.

만약 그림에 자신이 없다면 주제 그림을 연습한 종이에 진한 펜으로 그린 후 테두리가 인쇄된 도안 아래에 대고 다시 스케치해도 좋습니다. 연필 스케치를 할 때는 너무 세거나 진하게 그려지지 않도록 가볍게 쥐고 그리도록 합니다. 선을 그릴 때는 선끼리 너무 붙어서 하나의 영역이 나누어진 것처럼 보이지 않도록 주의합니다.

〉〉STEP2 검은색 사인펜으로 진하게 선 그리기

주제 그림을 스케치하였다면 굵은 검은색 사인펜으로 진하게 선을 따라 그립니다. 이때, 사인펜이 번지지 않도록 주의하여야 합니다. 손에 묻지 않도록 방향을 고려하여 그려나가는 것이 좋으며, 연필로 그린 선은 사인펜이 마른 후 지워야 하므로 선 그리는 작업이 모두 끝나고 충분한 시간이 지난 뒤에 지우는 것이 좋습니다.

또한 얇은 사인펜을 사용하여 굵게 그린 커다란 공간을 분할하듯 쪼개어주거나 옷의 주름을 표현할 수 있습니다. 이렇게 하면 색칠할 때에 학생들이 얇은 선으로 나누어진 두 공간의 연관성을 자연스럽게 인식할 수 있어 비슷한 계열의 색을 사용하거나 같은 색을 칠해 공간이 분리되는 느낌으로 색칠하는 일을 줄일 수 있습니다.

주제 그림을 사인펜으로 그리고 나면 비어있는 공간에 배경이나 상황을 나타낼 수 있는 보조 그림을 간단하게 연필로 스케치한 후 그려줍니다. 이때, 보조 그림이 너무 강조되어 주제 그림이 잘 드러나지 않으면 안 됩니다. 단순하되 도안에 재미를 줄 수 있는 그림을 채우며 공간에 의미를 부여하는 정도면 충분할 것입니다. 예를 들어 물고기, 꽃게, 비치발리볼 등의 소품을 그려 넣어 바닷가라는 배경을 표현할 수 있습니다.

이렇게 주제를 뒷받침하는 보조 그림까지 사인펜으로 선을 따서 그린 후, 충분히 마른 상태에서 지우개로 사인펜 선이 번지지 않도록 주의하여 연필 선을 지워줍니다. 만약 선이 번졌다면 나중에 스캔 작업을 할 때 보정을 할 수 있으니 수정 펜으로 선이 번지지 않게 두껍게 덮어서 수정하여도 좋습니다.

일반적인 컬러링 도안은 주제 그림을 색칠하는 것이 주요한 활동이나, 협동화는 바탕까지도 컬러링 작업 과정에 포함되어야 합니다. 이때 바탕을 단순하게 단색으로만 칠하기보다는 배경의 역할을 하되 미적으로도 아름답게 디자인할 수 있습니다. 예를 들어, 아래의 도안처럼 여름 바닷가를 표현하기 위해 하늘, 모래사장, 바다 등 서로 다른 공간을 휘어진 곡선, 부드러운 곡선, 직선 등 공간의 모양으로 바탕을 효과적으로 나누어 표현할 수 있습니다.

배경은 주제 그림이 더 눈에 띌 수 있도록 얇은 펜으로 그려줍니다. 도안이 분할되고 난 뒤에 어떤 조각을 학생들이 받더라도 충분한 색칠거리가 생기도록 구성하는 것이 좋습니다. 배경을 표현하고 난 뒤에 무늬로 패턴을 만들어 주면 아이들이 분할된 그림을 받았을 때도 이 칸이 어떤 배경임을 쉽게 이해할 수 있을 것입니다. 예를 들면 하늘을 나타내는 부분은 다이아몬드 모양, 모래사장은 세모 모양, 바닷물은 동그라미 모양을 그려 넣어 아이들이 배경을 색칠할 때 어떤 계통의 색을 선택하면 좋을 지 안내를 해줍니다.

》》STEP3 스캔하기

연필 선을 다 지워준 뒤에는 그림을 컴퓨터 프로그램으로 편하게 분할하기 위해 먼저 스캔을 합니다. 스캔(Scan)은 손으로 직접 그린 그림을 디지털 작업이 가능하도록 바꾸어주는 작업입니다. 일반적으로 스캐너를 이용하여 스캔할 수 있으나, 학교에 있는 복사기로도 스캔 작업이 가능합니다. 스캔을 할 때 밝기와 대비의 값을 조정하면 보다 깨끗한 그림 파일로 저장할 수 있습니다. 밝기 값을 높게 조절하면 배경의 잡티를 제거할 수 있으나 너무 높게 조절할 경우 사인펜으로 그린 선의 색깔이 흐려질 수 있습니다. 또한 대비값을 높게 조절하면 선을

보다 뚜렷하게 강조할 수 있으나 너무 높게 조절할 경우 얇게 그리거나 조금 흐린 선이 스캔
되지 않을 수 있습니다.

만약 스캐너가 없거나 보다 간단하게 스캔하고 싶다면 스마트폰 어플인 '캠스캐너'를 이용하
여 스캔할 수도 있습니다. 캠스캐너의 경우 잡티를 잘 제거해주어 깨끗하게 사인펜 선만 남
기기 편리해 수정이 매우 용이하다는 장점이 있습니다.

》STEP4 그림 분할하기

그림을 분할할 때에는 '포토스케이프'라는 무료 프로그램을 활용하면 매우 편리합니다. 이
때, 분할한 그림 파일에 각각 테두리를 인쇄해주면 아이들이 색칠한 후 직접 오릴 때 편리합니
다. 또한 색칠할 칸도 조각 내에서 명확하게 구분 지을 수 있어 좋습니다. 또한 색칠이 끝난 조
각들을 하나로 합칠 때 선을 기준으로 모으면 깔끔하게 협동화 작품을 완성할 수 있습니다.

1. 추가

2. 칸, 줄수 선택
(학생 수에 맞게 설정)

3. 분할

그림파일로
도안 저장하기

100의
최고품질로 저장!

일괄편집 선택!

분할된 그림에 테두리를 넣으면
아이들이 색칠할 공간이 보다
분명해 보이는 효과가 있습니다.

1. 사진추가

2. 설정

3. 모든 사진 저장

'포토스케이프'라는
무료 프로그램을 활용하면
매우 편리합니다.

〉〉STEP5 인쇄하기

인쇄할 때, 가장 주의해야 할 점은 '그림을 프레임에 맞춤'설정을 반드시 해제해야 한다는 것입니다. 만약 해제하지 않으면 원본 도안의 비율대로 나오지 않습니다.

02 협동화로 컬러링 지도하기

다음 작품은 1학년 1학기, 통합 교과 '여름'과 안전교육을 위해 학생들과 함께 한 크레파스 협동화입니다. 한 조각씩 A4용지에 맞춰 출력하여 나누어 주었으며 채색 시간은 1시간 정도 소요되었습니다. 그리고 자기가 색칠한 조각에 연필로 이름을 작게 쓰도록 지도하였더니 완성된 후 자기가 색칠한 조각을 쉽게 찾았고 또한 이웃한 친구들을 찾아보며 이야기를 나누기도 하였습니다.

아이들이 컬러링 작업을 할 때, 특별히 색을 칠하는 방법에 대해 지도하지 않아도 아이들이 24색 크레파스라는 한정된 재료로 칠하는 과정에서 다음과 같이 다양한 색칠 방법을 자연스럽게 적용하는 모습이 인상적이었습니다. 하나의 공간을 비슷한 계열의 색으로 변화를 주며 칠하는 그러데이션 형태로 나타내거나, 기본 도안에서 나뉘지 않은 칸을 스스로 나누어가며 디자인하기도 하였습니다. 또한 짝꿍이 이미 칠한 색 위로 다른 색을 칠하여 두 크레파스가 섞이게 표현하는 모습을 보고 그 방법을 따라하는 아이도 있었습니다.

그라
데이션

칸 나누기

색 섞기

〈 다양한 컬러링 방법 〉

1학년 1학기, 통합 교과 '여름'과
안전교육을 위해 학생들과 함께 한
크레파스 협동화입니다.

〉〉 다양한 협동화 형태

똑같은 도안이라도 몇 가지 요소의 변화를 주면 전혀 다른 느낌의 협동화가 만들어질 수 있습니다. 재료, 크기, 주제를 다양화하여 협동화의 매력을 느낄 수 있는 수업을 구성해 볼까요.

❶ 재료의 다양화: 색연필, 물감, 크레파스, 색종이 등

재료는 학년의 특성을 고려하는 것이 좋습니다. 대개 수업 후 정리가 간편한 색연필을 많이 선호하시는데 교실에서 사용하는 색연필은 흔히 12색으로 다양한 색을 표현하기에는 아쉬움이 남습니다. 색깔 혼합이 가능하며 색상의 종류가 다양한 유성 색연필이 아니라면 교실에서는 보다 다양한 색을 표현할 수 있도록 저학년의 경우 크레파스를, 고학년의 경우 물감을 주재료로 활용하면 좋습니다.

〈 물감으로 작업한 고학년 협동화 〉

또 색종이를 조각내어 모자이크 형태로 협동화를 만들 수 있습니다. 이때 도안을 여러 개로 조각내기보다는 도안을 하나 크게 뽑은 후 모여앉아 완성하는 것이 효과적입니다. 또 색종이로 표현할 수 있는 색의 종류가 한정적이기 때문에 도안이 보다 단순하고 명확해야 합니다. 색종이로 표현하기에 한계가 있는 경우 잡지나 신문에 콜라주 기법을 혼합하여 사용할 수 있습니다. 콜라주 기법을 혼합하여 사용할 수 있습니다.

❷ 크기의 다양화: 2인, 4인, 5인, 전체 학급 등

협동화의 크기는 참여 인원에 영향을 크게 받는데, 작게는 2인부터 전체 학급까지 다양하게 변형할 수 있습니다. 특히 홀수 인원으로도 협동화 도안을 나눌 수 있는데, 가로나 세로 방향으로 나란히 연결되는 띠 형태로 도안을 제작하면 됩니다. 또한 직사각형 형태뿐만 아니라 원, 다각형 등 다양한 형태로 협동화 도안을 제작할 수 있습니다.

❸ 표현의 다양화: 단순한 색칠활동 탈출하기

꼭 하나의 도안이 아니더라도 협동화가 가능합니다. 위의 협동화는 1학년 여름 교과의 비 오는 날 풍경 그리기 수업에서 활용한 협동화입니다. 국어 시간에 1편씩 보여주는 애니메이션 속의 주인공처럼 동물을 닮은 우비를 만들어보기로 했습니다. 아래 그림처럼 주제에 맞게 각자 그린 그림을 배치하여 붙여서 함께 나타내는 것도 협동화라 할 수 있습니다.

아이들 중에는 물론 기본 틀 없이도 훌륭하게 그려낼 수 있는 뛰어난 실력자도 있지만 사실 뭘 그려야 할지 모른 채 손 놓고 포기하는 친구들이 더 많습니다. 그래서 기본 도안을 통해 크기가 통일될 수 있도록 지도했으며 완성형 도안이 아닌 개방형 도안의 형태로 제시하여 아이들이 직접 우비를 디자인할 수 있도록 했습니다.

도안 제작은 PPT의 기본 도형을 이용하여 간단하게 만들었습니다. 귀 부분을 표현하기 위해 끊어진 부분은 선 없이 흰색으로 채우기 한 동그라미로 선을 가려 만들어주었습니다. 이름표를 넣어서 협동화 속에서도 자신의 작품임을 나타낼 수 있게 하였습니다. 다리와 팔 부분은 일부러 통일하지 않고 아이들이 다양한 포즈를 취할 수 있도록 도안에 넣지 않았습니다

각자 원하는 우비 모양과 얼굴 표정, 팔과 장화를 신은 다리를 그리도록 하니 개성 있는 캐릭터들이 나왔습니다.

각자 원하는 우비 모양과 얼굴 표정, 팔과 장화를 신은 다리를 그리도록 하니 개성 있는 캐릭터들이 나왔죠? 평소 그림을 잘 그리지 못하는 친구들도 매우 흥미 있게 참여하는 모습이 인상적이었습니다. 하나를 완성하고도 더 만들어서 소장하고 싶다는 친구들도 있었습니다. 직접 만든 도안은 언제든 출력만 하면 되니 아이들이 원하는 만큼 줄 수 있습니다.

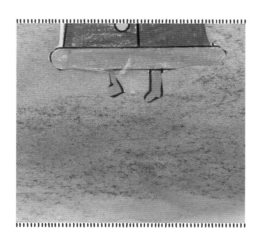

다음은 파스텔로 전체 배경을 스케치한 후 아이들과 함께 문질러서 비오는 날의 구름과 땅을 표현해 보았습니다. 파스텔이라는 재료의 특성도 배울 수 있으며, 무엇보다 아이들이 함께 문지르며 완성해나가는 과정을 매우 즐거워하니 재료를 이해하는 수업으로 활용해도 좋습니다.

그리고 기다란 그림 앞에 나란히 앉아 각자 사인펜을 이용하여 빗방울을 그리도록 했습니다. 남학생들은 연한 파란색, 여학생들은 진한 파란색으로 그리니 다양한 색깔, 크기, 모양을 가진 빗방울들이 만들어졌습니다.

이렇게 길게 완성된 협동화 그림을 교실 뒤편의 게시판 아래에 게시했습니다. 그러자 아이들이 도란도란 앉아서 다른 친구들의 그림을 감상하는 모습이 눈에 띄었습니다. 각각의 작품을 게시할 때에는 자기 것만 보는 경향이 있었는데 이렇게 연속성이 느껴지는 협동화 형태로 게시하면 아이들의 관심이 더욱 커진 것을 느낄 수 있습니다.

협동화 도안

〉〉 명화 감상

- 미술 감상 수업에서 활용 가능합니다.

- 각자 맡은 명화를 한 장에 담아 협동화 도안으로 만들 수 있습니다.

〉〉 새 학기, 환영

- 새 학기 첫 번째 미술 수업에서 활용하기 좋은 도안입니다.

- 글씨를 추가하여 활용할 수 있습니다.

〉〉 여름 안전 교육

- 저학년용 협동화 도안입니다.
- 여름 안전 교육과 연계하여 활용할 수 있습니다.

〉〉 추석

- 저학년용 협동화 도안입니다.
- 추석 명절에 맞춰 활용할 수 있습니다.

〉〉 겨울

- 저학년용 협동화 도안입니다.

- 색지에 인쇄하여 흰색을 표현할 수 있습니다.

- 컬러링 후 솜이나 솜방울 등을 활용해 눈을 표현해도 좋습니다.

〉〉 추구 인간상

- 2015 개정교육과정 추구 인간상을 표현한 협동화입니다.

- 정사각형 도안이며 협동화 작업 후 학급 게시판에 게시할 수 있습니다.

저자 소개 **이서란 (서울숭인초등학교 교사)**

참쌤스쿨 1기 멤버이며, 주로 일러스트레이터 프로그램으로 작업하고 있다. 인디스쿨에서 "하바별"이라는 ID로 연수 홍보 배너 제작, 선생님을 위한 교실 환경 디자인 자료 및 소소한 수업 아이디어를 공유하고 있으며 꾸준히 '하바별의 별가루노트' 블로그를 운영 중이다. 2017년 초등 아이스크림 원격교육연수원 '참쌤스쿨 그림교실, 교사가 최고의 콘텐츠다' 연수 강좌 제작에 참여했다. 앞으로는 직접 그린 그림으로 선생님과 학생 모두 행복할 수 있는 교실을 디자인하는 것이 꿈이며, 창작스토리로 짧게나마 교육에 대해 생각해볼 수 있는 웹툰 혹은 애니메이션을 제작해보고 싶다.

저서 도서 『리얼 교실 웹툰 1반 선생님』 (천재교육, 2016) 삽화 작업

도서 『초등 수업을 살리는 놀이 레시피 101』 (천재교육, 2016) 삽화 작업

저자 소개 **오보나 (서울영도초등학교 교사)**

초등학교 교사이자 '참쌤의 콘텐츠 스쿨' 멤버로 활동 중이다. 제32회 한아세안교육자 대회 (ACT+1)에서 캐리커처 부스를 운영했으며 티처몰에서 교실 환경 현수막 디자인을 진행했다. 2017년 초등 아이스크림 원격교육연수원 '참쌤스쿨 그림교실, 교사가 최고의 콘텐츠다' 연수 강좌 제작에 참여했고 현재 영상에 관심이 많아 UCC 동아리를 운영하고 있다. 앞으로 많은 아이들이 그림과 영상을 통해 조금 더 생동감 있게 세상을 보며 배울 수 있는 교실을 만들고 싶다.

7.

알록달록
색연필로 꾸미는
우리 반

색연필은 채색 도구 중 주변에서 가장 쉽고 간편하게 접할 수 있는 도구입니다.

또한 학급에서 아이들이 손쉽게 사용 가능하며 특유의 '따뜻한 색감'으로

도구 사용이 미숙한 저학년부터 세밀한 표현을 원하는

고학년까지 수업이 가능합니다. 이번 차시에서는 색연필을 활용하는 방법과

이를 활용한 수업 방법을 이야기 해보겠습니다.

1. 왜 색연필인가?

색연필은 학교에서 학습 준비물 1순위로 미술 시간이나 아침 활동 시간, 수업 시간 등 학교 수업 전반에서 사용 가능합니다. 이렇듯 색연필 사용의 접근성은 높지만 구체적인 색감 살리기 등의 활용 방법적인 면에서는 한계가 있습니다. 그래서 이번 챕터에서는 학교에서 일반적인 사용법의 한계를 넘어 색연필을 사용할 수 있는 다양한 방법을 소개하려 합니다. 먼저 색연필을 활용한 미술 수업의 장점으로는 아래의 3가지가 있습니다.

〉〉 색연필을 활용한 미술 수업의 장점

똑같은 도안이라도 몇 가지 요소의 변화를 주면 전혀 다른 느낌의 협동화가 만들어질 수 있습니다. 재료, 크기, 주제를 다양화하여 협동화의 매력을 느낄 수 있는 수업을 구성할 수 있으니 수업에 활용하기도 좋습니다.

- 수업 활용도가 높음
- 여러 색을 활용해 그림을 그리면서 색감 활용 능력이 높아짐

〈 색연필 패턴 예시 〉

2. 색연필 사용 노하우

크게 색연필은 수성과 유성 색연필로 나뉩니다. 일반적으로 유성 색연필은 쫀쫀하고 두터운 질감을 주며, 수성 색연필은 물과 만나면 수채화처럼 변하는 성질을 가지고 있습니다. 특히 파* 카**사의 수성 색연필 보다 문*사의 수성 색연필이 훨씬 발색이 좋습니다. 그리고 물을 쓸 때 물통과 붓이 필요한데, 이를 위해 워터 브러쉬라는 간편한 도구가 있습니다. 휴대성이 좋고 사용하기에도 어려움이 없으니 가까운 문구점이나 인터넷에서 찾아보고 써보시길 권합니다.

채색은 기본 색연필 12색으로 색칠이 가능합니다. 그러나 다양한 색감과 표현을 원하는 선생님들은 문*사의 24색 색연필 사용을 추천합니다. 간단하지만 다양한 색을 낼 수 있는 색연필은 마냥 색칠하는 것보다는 다양한 기법이 존재합니다. 기본적인 색연필 채색 노하우를 세 가지로 나눠 설명해 드리겠습니다.

첫 번째, 농도 조절입니다. 농도를 조절하는 것은 먼저 유성 색연필로는 손의 누름의 세기를 조절하는 것입니다. 수채 색연필인 경우에도 마찬가지입니다. 그리고 물 붓을 이용해 표현할 때 물의 사용량을 통해서도 조절이 가능합니다.

두 번째로는 색의 혼합입니다. 색상을 다양하게 사용하는 것이 중요한데, 먼저 색상을 활용하기 전에 컬러 페이지를 만드는 것을 추천합니다. 나만의 컬러 페이지는 색을 고를 때 유용합니다. 특히 색감을 사용하기 어려운 초보자들이 한눈에 색을 보고 고를 수 있어 표현에서도 우수합니다. 준비가 다 되었다면 색의 혼합을 해 봅니다. 처음에 밝은색부터 시작해 점차 어두운색끼리의 혼합 또는 명도와 채도가 차이가 나는 색의 조합을 해봅니다.

세 번째는 질감 표현입니다. 질감 표현으론 흐리고 진함, 테두리가 있고 없고의 차이, 그러데이션, 불규칙함의 표현 등이 있습니다. 이런 표현들은 표현하고자 하는 주제와 그리는 사람마다 다양하게 표현됩니다.

≫ 색연필 노하우

- 농도 조절
- 색 혼합
- 질감 표현

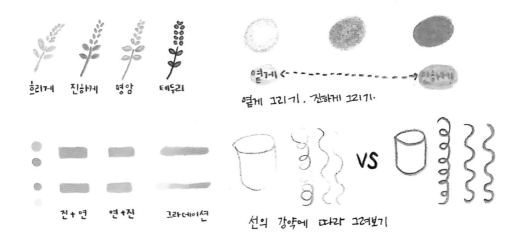

흐리게　진하게　명암　테두리

얇게 ← - - - - - - - - - - - - → 진하게

얇게 그리기 . 진하게 그리기.

진+연　연+진　그라데이션

선의 강약에 따라 그려보기

VS

3. 색연필을 활용한 수업 활동

01 **색연필을 활용할 수 있는 미술 활동에는 무엇이 있나요?**

패턴 네이밍 (학기 초 활용 가능), 가랜드 꾸미기(역사, 국어 시간 활용 가능), 생활 계획표 짜기, 편지지 꾸미기, 책갈피, 유리 화분 꾸미기 등 다양한 활동에서 활용 가능합니다.

02 **활용 방법**

패턴 네이밍
학기 초에 활용 가능한 활동입니다.
① 좋아하는 물건, 동물, 식물 등의 다양한 것들을 생각해보도록 합니다.
② 다양한 패턴이 들어가도록 리본으로 이름을 구성한다고 생각하여 꾸밉니다.
③ 좋아하는 것들을 넣어 꾸민 후 완성!

가랜드

국어 시간에는 주인공을 만들어 시연 뒤에 게시해 두거나
머리띠 등의 인물 표식으로 사용합니다. 사회 시간에는
역사 속 인물을 묘사하여 발표할 때 활용 가능합니다.
① 인물이나 주인공의 모습이 비슷한 크기가 되도록 꾸밉니다.
② 좌우를 구멍을 내어 굵은 실로 연결합니다.

생활 계획표 짜기

① 생활 계획표를 만들어 줍니다.
② 주위를 다양한 그림을 그린 후 붙이거나 그려서 꾸미기를 해줍니다.

편지지 꾸미기

아이들 생일 축하 편지지로 자주 쓰는 활동입니다.
① 생일 표지에 아이가 좋아하는 그림을 그려 선물해줍니다.
② 간단한 팁들은 구글에 색연필 일러스트라고 다양한 소스를
얻을 수 있습니다.

책갈피

아이들 학급 보상용, 친구들, 부모님께 선물할 수 있는 활동입니다.
① 작은 종이에 아이들이 다양하게 꾸밀 수 있도록 구상하게 합니다.
② 구상 후에 일러스트를 색칠합니다.
원하는 문구와 함께 써도 좋습니다.
③ 일러스트가 완성되면 가위에 따라 자르고 펀치로 구멍을 뚫습니다.
④ 노끈으로 연결시키면 책갈피 완성.

나만의 유리병 화분 만들기

실과 시간 음식 만들기 후 식사 시간 전 식탁 꾸미기 활동에서
활용 가능합니다.
① 꽃이나 식물 등 어울리는 일러스트를 그립니다.
② 일러스트를 빨대에 감싸 붙이고 꾸밉니다.

>> 색연필, 오래 더 즐겁게 사용하는 TIP

휴대하기 편하게 연필케이스에 넣고 다녀요!

준비물은 많이 필요하지 않습니다. 꼭 필요한 것만 간편하게!

지루한 일상을 특별하게 만들어주는 색연필과 함께 하는 건 어떨까요? 글보단 간단한 그림으로 내 일상을 특별하게 표현해 보세요.

그림의 일부분만 그려도 작품은 완성이 됩니다. 한 번에 모든 걸 담기 보다는 여러 번 자주 그리는 걸 추천합니다.

색연필 수업 자료

〉〉음식 : 실과시간과 연계

샌드위치

대각선 구도로 빵을
그려주세요

양상추, 햄, 치즈 등 기호에
맞게 층을 쌓으세요.

양상추, 햄, 치즈에
색을 칠하면 완성!

햄버거

기본이 될 재료들의
형태를 먼저 그립니다.

테두리보다 연한색으로
칠하면 선명한 효과를 내요.

꾹 눌러 만들어진 햄버거도
그려 보아요.

김밥

검정색으로 전체적인
형태를 그립니다.

기름으로 바른 표현을 위해
흰색 부분을 남겨 둡니다.

들어가는 재료를 기호에
맞게 넣어주세요.

컵라면

테두리를 그려줍니다.

자세한 부분을 그립니다.

색을 칠합니다.

떡볶이

어묵과 떡의 모양을
정합니다.

흐르는 국물의 표현도
비슷한 색으로 합니다.

접시까지 그리면 완성!

》》식물

숲 그리기

드라이플라워 / 시약병 그리기

꽃송이와 잎그리기
(편지지나 패턴 꾸미기와 활용)

야자수 그리기

드라이플라워 / 화분 그리기

선인장 그리기
(흰 부분 띄우고 그리기)

야생화 그리기

장미꽃 그리기

꽃 그리기

잎 /꽃송이 그리기

알로에 그리기

꽃 그리기

>> 바다

불가사리	해파리	해마
문어	게	상어
오징어	고래	성게
바닷장어	거북	복어
조개	열대어-1	열대어-2

≫동물

고양이	개	코끼리
양	원숭이	얼룩말
여우	기린	닭
토끼	개구리	곰
돼지	부엉이	판다

〉〉 일상 사물 그리기

치약과 칫솔

길다란 사각형과 사다리꼴 모양을
그려주세요.

꼼꼼하게 색칠을 하고 칫솔모와
치약 뚜껑을 그려주세요.

치약 뚜껑과 치약 앞쪽 부분을
무늬를 넣어 채워주세요.

여름의 파라솔

파라솔 모양의 테두리를 그려주세요.

파라솔을 색칠해주고 짧은 기둥과
돗자리를 사선으로 그려주세요.

노란색으로 남은 파라솔을
색칠해 주세요. 돗자리에 대각선으로
줄무늬를 넣어주세요.

야자수

옅은 갈색으로 긴 두 줄을
두껍게 그려주세요.

짙은 초록색으로 펼쳐지는
모양의 선을 그려주세요.
짙은 갈색 선을 그려주세요.

연두빛 색연필로 야자수의
잎을 표현해주세요.

》문구 소품 그리기

가위

긴 타원형과 작은 동그라미를
그려주세요.

동그라미 주변을 연결하여 가위
손잡이 부분을 그려주고
색칠해줍니다.

옅은 회색빛 색연필로
길다란 날을 그려주세요

풀

동그란 노란 타원에 약간 띄워서
기둥면을 그려주세요.

연두색의 긴 기둥면을
색칠해 주세요.

노란 기둥면을 채우고 검정색으로
세로 선을 그어주세요.

집게

주머니 모양으로 사각형을 그리고
색칠해주세요.

진한 보라색으로 줄을 긋고
명암을 살려 입체감을 살립니다.

집게 손잡이를 그려주면 완성

자 및 삼각자

길쭉한 사각형과
세모 모양을 그려주세요.

눈금과 삼각자 안에
동그란 원을 그려주세요.

연한 색감의 색연필로
색칠해주면 됩니다.

학교(건물그리기)

파랑색으로 뾰족한 지붕 테두리를
그려주세요.

검은색 색연필로 작은 사각형의
창문을 촘촘히 그려주세요.

배경과 지붕을 색칠한 후 깃발과
그림자를 그려 완성합니다

스쿨버스

자동차 차체 부분을 그려준 후
꼼꼼히 색칠해주세요

파란색으로 창문을 그려주고
갈색으로 동그란 바퀴를 그려줍니다.

주황색으로 조명을 그려주고 글씨를
넣어주면 학교버스 완성

꽃밭

동그란 점을 찍은 후 분홍색 꽃을
그려주세요.

분홍색 꽃 주변에 노랑색으로
점을 찍어준 후 빨간색으로 테두리를
둘러 그려줍니다.

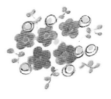

그 주변에 연두색으로 풀잎을
그려주면 꽃밭이 완성됩니다.

빈티지무늬 가방

손톱 모양의 도형을 두 겹으로
그려주세요

밝은 색깔로 주머니를 표현하고
격자 무늬를 넣어줍니다.

앞 옆으로 가방끈을 그려주세요.
빈티지 가방 완성

김아령 (수원 신영초등학교 교사)

저자
소개

초등학교 교사이자 '참쌤의 콘텐츠 스쿨' 멤버로 색연필을 활용한 학급 경영 및 교육 콘텐츠를 제작 및 공유하고 있다. 제32회 한아세안 교육자 대회(ACT+1)에 참여하여 캐리커쳐 부스를 운영했으며 2016년 티셀파 '하하국어' 및 '인포노트' 작업을 진행했고 교육부 유·초·중등을 위한 안전교육 콘텐츠 제작을 진행했다. 2017년에는 초등 교육과정 및 성장중심 평가 핵심요원으로 활동했으며 초등 아이스크림 원격교육연수원 '참쌤스쿨 그림교실, 교사가 최고의 콘텐츠다' 연수 강좌 제작에 참여했다. 무엇보다 아이들과 함께 하는 소소하지만 하나하나 빛나는 일상의 시간들을 소중히 생각하는 선생님이 되고 싶으며 많은 선생님들께 도움이 되는 미술관련 교육 자료를 계속 만들고 싶은 꿈이 있다.

유명선 (시흥정왕초등학교 교사)

참쌤스쿨 2기 멤버이자 교육 콘텐츠를 개발 및 공유하고 있다. 인디스쿨 오글오글 색연필 및 컬러링북 연수 강사로 활동했으며 미술 교육 전반에 관심이 많아 현재 대학원에서 미술 교육을 전공하고 있다. 2017년에는 경기도 교육 연수원 이미지 기반 교육 콘텐츠 만들기 연수 강사로 활동했으며, 이번 초등 아이스크림 원격교육연수원 '참쌤스쿨 그림교실, 교사가 최고의 콘텐츠다' 연수 강좌 제작에 참여했다. 교사가 행복해야 교실이 행복한 것처럼 앞으로 선생님의 마음을 어루만져주는 그림, 교육 자료를 만들고 공유하고 싶은 꿈이 있다.

8.
캘리그라피로
수놓는 우리 교실

요즈음 아이들과 함께할 미술 자료를 찾다 보면 캘리그라피에 관심 있는

선생님들이 많이 보입니다. 혹시 선생님도 아이들과 캘리그라피를 함께 해 본

경험이 있으신가요? 캘리그라피가 낯익은 선생님이든 낯선 선생님이든 누구나 쉽게

시작할 수 있는 활동이 바로 캘리그라피입니다. 이번 차시에서는 교과서와 교실,

그리고 아이들과 소소한 일상을 캘리그라피로 나누는 방법에 대해 소개하겠습니다.

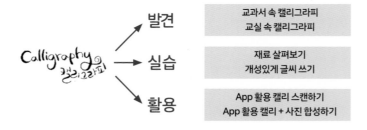

발견 → 교과서 속 캘리그라피 / 교실 속 캘리그라피

실습 → 재료 살펴보기 / 개성있게 글씨 쓰기

활용 → App 활용 캘리 스캔하기 / App 활용 캘리 + 사진 합성하기

1. 교과서 속 캘리그라피

캘리그라피는 원래 '아름답다'라는 뜻의 그리스어 'kallos'와 '필적, 서체'라는 뜻의 'graphy'가 합쳐진 말입니다. 하지만 막상 캘리그라피를 아이들에게 지도하려고 보면 교과서와는 동떨어진, 한두 시간 즐겁게 쓰고 마는 미술 활동으로 생각하기 쉬운데요. 그래서 교과서 속 캘리그라피를 찾아보았습니다.

kallos 아름답다 + graphy 필적 = *Calligraphy* 캘리그라피

01 교과서에서 정의하는 캘리그라피

우리에게 익숙한 미술 교과서에서는 캘리그라피를 한글의 조형미에 초점을 두고 다음과 같이 정의합니다.

> "글씨나 글자를 아름답게 쓰는 기술을 말하며 좁게는 서예를 말하고 넓게는 활자 이외의 모든 서체를 말해요."

생활 속에서 캘리그라피가 사용되는 사례들을 그림이나 사진으로 소개해 보겠습니다.

〈 아침나라(김동영 외) 〉

〈 공공미술 속 캘리그라피(강익중, 꿈의 다리) 〉

02

교과서에서 제안하는 캘리그라피 지도 과정

캘리그라피를 지도하는 방법으로는 붓과 먹을 이용하여 서예 수업으로 진행하는 방법이 있습니다. 교과서에서 제안하는 캘리그라피 지도 과정을 살펴보세요.

> "같은 글자라도 글씨체에 따라 느낌이 어떻게 달라지는지 이야기해 봅시다."
> "여러 모양으로 스케치한 후 가장 좋은 것을 선택하세요."
> "글씨의 느낌과 번짐, 붓을 누르는 힘, 전체적인 조화를 생각하며 써 보세요."

같은 글자라도 글씨체에 따라 느낌이 어떻게 달라지는지 아이들과 생각을 나누어 보는 탐색 단계, 여러 모양으로 써 보는 스케치 단계, 굵기나 방향 등 요소들을 조절하며 나만의 캘리그라피로 발전시키는 변화 단계, 끝으로 이미지나 생활용품과 어우러지게 꾸미는 조화 단계로 이루어집니다.

《 비상교육 (박은덕 외) 》

탐색 → 스케치 → 변화 → 조화

03 **교과서에서 발견한 캘리그라피 지도 요소**

캘리그라피를 지도하다보면 예시 자료만 나눠 주고 따라 쓰게 하거나 막연히 "잘 써 보세요." 라고 이야기하는 경우가 많습니다. 교과서에서는 캘리그라피의 요소를 다음과 같이 설명하고 있습니다. 다음의 요소들을 강조하여 지도해 보세요.

"자형, 획의 굵기, 선의 기울기, 획의 방향, 글자 간 간격과 균형에 변화를 주며 써 보세요."

〈 금성출판사 (이은적 외) 〉   더 둥글게   굵게   〈 자형, 굵기 등 요소 변화 〉

04 교과서에서 제안하는 캘리그라피 감상 관점

미술 수업 중 캘리그라피를 지도할 때 가장 놓치기 쉬운 부분, 바로 감상입니다. 아이들과 예쁘고 즐겁게 만든 캘리그라피는 수행평가로도 충분히 활용할 수 있습니다. 다음의 감상 관점을 활용해 보세요.

"글씨의 크기와 간격이 알맞은가?"
"획의 굵기와 모양이 바른가?"
"글씨를 생활용품에 효과적으로 활용하였는가?"

위와 같은 감상 관점이 담긴 체크리스트를 아이들에게 나누어 주고 동료 평가하거나, 감상 내용을 주고받는 장면을 선생님이 관찰하는 등 다양한 방법으로 평가할 수 있습니다.

〈 교학사(노영자 외) 〉

〈 만든 캘리그라피 작품을 관점에 따라 감상하기 〉

05 한글 서체를 활용할 때 주의할 점

캘리그라피를 단순히 종이 위에 한 번 쓰고 버리는 것보다는 이미지와 어울리게 쓰거나 생활
용품으로 활용하는 것을 추천합니다. 이때 다음 내용을 주의할 점으로 안내해 주세요.

"글자를 단정하고 바르게 써서 읽기가 쉬워야 해요."

"꾸미고자 하는 것과 어울리도록 써야 해요."

"획의 굵기와 길이, 문자의 크기, 배치, 간격 등이 균형을 이루며 통일감이 있어야 해요."

**2. 교실 속
캘리그라피
활용법**

01 자연물을 활용한 캘리그라피

✏️ **활용 : 과학의 달에 사용해 보세요.**

화창한 봄날, 과학의 달 또는 실과 시간에 사용할 수 있는 캘리그
라피 활동을 소개합니다. 먼저 아이들과 함께 학교 운동장 주변

이나 화단에 떨어진 자연물을 찾아봅니다. 단, 살아있는 꽃잎 등은 꺾지 않도록 안내해주세요. 교실로 들어와 힘이 나는 글귀들을 모은 예시 작품을 따라 쓰며 나만의 글씨체를 연습한 후, 작품지 위에 자연물과 글씨를 조화롭게 배치하면 자연을 담은 캘리그라피가 완성됩니다. 자연물과 함께 쓴 캘리그라피를 코팅하면 카드나 책갈피를 만들 수 있습니다. 이때 열을 가하는 코팅은 피하고 손 코팅지를 이용해 주세요. 열 코팅기의 경우 꽃잎 등 자연물이 타버릴 수 있습니다.

자연물 찾기(꺾지 않기)

예시 작품 따라 쓰며
나만의 글씨체 연습하기

자연물과 조화로운
캘리그라피 완성하기

02 도일리페이퍼를 활용한 캘리그라피 카드

✎ 활용 : 감사의 달에 사용해 보세요.

어버이날, 스승의 날, 친구 사랑의 날처럼 마음을 전할 때 활용할 수 있는 캘리그라피 카드입니다. 편지지에 캘리그라피를 쓴 뒤 동그랗게 오려 도일리페이퍼 위에 붙여주세요. 뒷면에 자석을 붙이면 완성! 자석 하나로 냉장고나 철제문에 고정할 수 있어 여기저기 굴러다니기 쉬운 카드가 오랫동안 전시할 수 있는 카드로 변신합니다.

영어로도
쓸 수 있어요!

예시 작품 따라 쓰며
나만의 글씨체 연습하기

배경지 위에 쓴 캘리그라피
도일리페이퍼에 붙이기

뒷면에 50원 자석 붙여
냉장고 자석(카드) 완성하기

03 종이액자 도안을 활용한 캘리그라피 카네이션 액자

활용 : 감사의 달에 사용해 보세요.

직접 만든 카네이션과 종이액자를 활용한 캘리그라피 카네이션 액자로도 감동을 나눌 수 있습니다. 종이로 액자를 만들고 예쁘게 쓴 캘리그라피를 종이 액자에 넣어줍니다. 그 자체만으로도 멋진 작품이 완성되는 것을 경험할 수 있습니다. 이때 종이액자를 만드는 작업은 다소 어렵기 때문에 고학년을 대상으로 권장합니다.

예시 작품 따라 쓰며
나만의 글씨체 연습하기

종이액자와
카네이션 만들기

액자에 카드 넣고
카네이션 붙여 완성하기

04 아일렛 펀치를 활용한 캘리그라피 책갈피

✏️ **활용 : 독서의 계절에 사용해 보세요.**

독후 활동, 국어 정리 활동으로 활용할 수 있는 캘리그라피 책갈피 만들기를 소개합니다. 먼저 수업 내용과 관련된 캘리그라피 문구를 씁니다. 옆에 간단한 그림을 그리면 더 좋습니다. 아이들이 그림 그리기를 부담스러워하면 스티커를 준비해두었다가 붙이게 하면 좋습니다. 어울리는 그림을 그리거나 붙인 후, 아일렛 펀치를 활용하여 튼튼한 구멍을 뚫고 리본 끈을 달아주세요. 오래 쓸 수 있는 캘리그라피 책갈피가 완성됩니다.

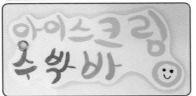

05 아이들의 후기

'캘리그라피를 배우니까 좋다. 글씨를 예쁘게 쓰게 되어서 좋고
부드러운 붓펜을 쓰니까 기분이 좋다. 계속 계속 캘리그라피를 쓰고 싶다.'

'예쁘게 쓴 캘리그라피를 엄마에게 선물하니 좋아하셨다. 정말 뿌듯했다.
연습해서 더 예쁜 글씨를 쓰고 싶다. 프로필 사진도 캘리그라피로 해놓아야겠다.'

'붓펜으로 쓸 때만 글씨가 예쁘게 써지는 줄 알았는데 그냥 글씨체도 예뻐졌다.
내 글씨가 이렇게 변하다니. 이제 어떤 글씨를 써도 예쁘게 써질 것만 같다.
캘리그라피를 쓰면 기분이 좋고 편안하고 나쁜 생각을 안 하게 된다.'

캘리그라피를 배웠던 아이들의 후기입니다. 아이들의 후기로 알 수 있는 캘리그라피의 효과
는 여러 가지가 있습니다. 예쁘게 변하는 글씨체로 인한 자신감, 계속 도전해보고 싶은 끈기,
편안한 마음가짐, 캘리그라피로 만든 작품을 나누는 기쁨까지! 학급에서 캘리그라피를 지도
하고 위와 같은 효과를 느껴보세요.

01 재료 살펴보기

캘리그라피는 원래 우리나라의 서예에서 시작하였습니다. 캘리
그라피는 서예 재료와 마찬가지로 한지와 먹, 붓을 사용합니다.
이 재료들의 단점은 휴대와 사용이 불편하다는 것입니다. 그래서
요즘은 쓰기 편한 재료들을 사용합니다. 대표적인 도구로는 휴대
가 간편하고 쓰기도 편하면서 붓의 효과를 낼 수 있는 붓펜이 있습니다.

〈 붓펜으로 쓴 캘리그라피 〉

캘리그라피로 다채로운 느낌을 내기 위해서는 붓과 붓펜 이외에도 다양한 재료들을 사용할 수 있습니다. 펜대에 펜촉을 끼워서 쓰는 딥펜, 나무젓가락, 칫솔, 볼펜 등이 그 예입니다. 재료의 특성에 따라 아래 사진처럼 캘리그라피의 느낌이 달라지는 효과가 있습니다. 캘리그라피로 작품을 쓸 때는 쓰고 싶은 문구의 느낌에 맞는 재료를 선택하면 됩니다. 교재에 있는 재료 외에도 다양한 재료들을 사용하여 써 보세요.

〈 딥펜으로 쓴 캘리그라피 〉

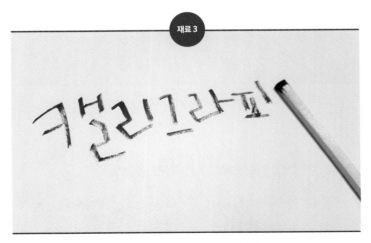

〈 나무젓가락으로 쓴 캘리그라피 〉

〈 볼펜으로 쓴 캘리그라피 〉

〈 칫솔로 쓴 캘리그라피 〉

02 굵기, 크기, 기울기, 배열을 활용하여 개성 있게 글씨 쓰기

굵기, 크기, 기울기, 글자 배열은 캘리그라피 지도 요소 중 일부입니다. 하지만 이 요소들만
잘 살려주면 초등학생들도 얼마든지 멋진 캘리그라피를 쓸 수 있습니다. 이 요소들은 캘리그
라피를 쓸 때마다 모두 다 적용되어야 하는 것은 아닙니다. 쓰고자 하는 글씨의 느낌에 따라
한두 가지 요소는 생략할 수 있습니다.

〉〉쓰기 전 활동

캘리그라피를 지도할 때는 가급적 모둠으로 자리를 배치하는 것이 좋습니다. 학생들이 서로의 작품을 감상하면서 자신의 작품을 만드는데 참고할 수 있기 때문입니다. 모둠으로 자리를 배치하였다면 아이들에게 붓펜을 나누어줍니다. 처음에는 '붓펜을 잡고 그리고 싶은 것 그리기', '쓰고 싶은 글씨 쓰기'처럼 자유로운 쓰기 활동 시간을 줍니다. 자유로운 활동을 하면서 처음 써보는 붓펜의 성질을 탐색하고 익숙해질 수 있기 때문입니다. 또한 캘리그라피를 연습할 때 글씨체가 마음에 들지 않는다고 ×표시를 하거나 종이를 버리지 않도록 주의시킵니다 처음에는 글씨가 이상하고 못생겨 보여도 시간이 지난 후에 다시 보면 또 다른 매력을 발견할 수 있습니다.

〉〉굵기

일반 글씨에서 굵기에 변화를 주면 또 다른 느낌의 캘리그라피가 완성됩니다. 이때 한 획에서 굵고 얇은 부분이 드러나게 쓰다보면 글씨가 멋스러워집니다. 특히 학생들을 가르칠 때 굵기 조절은 캘리그라피에 대한 흥미를 돋우는 중요한 요소가 됩니다.

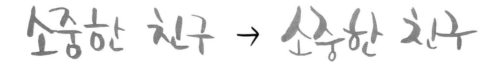

⟨ 일반 글씨 ⟩   ⟨ 굵기 변화를 준 글씨 ⟩

〉〉크기

중요한 글자를 주변 글자 크기보다 크게 쓰면 강조 효과가 있습니다. 또 글씨의 입체감이 살아나고 캘리그라피를 열어주는 역할, 닫아주는 역할을 하기도 합니다. 글씨의 크기 변화를 이용하여 여러 가지 글씨를 써보세요. 학생들을 가르칠 때 크기를 설명하면 어떤 글자를 크게 써야 하는지 망설이는 경우가 많습니다. 이때 '중심 단어나 시작하는 단어, 끝나는 단어'로 설명을 해주면 아이들이 쉽게 접근하는 데 도움이 됩니다.

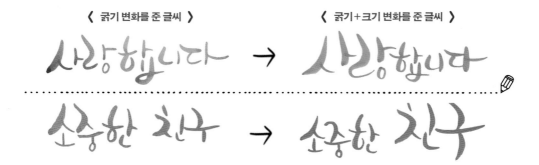

〉〉기울기

굵기와 크기를 이용하여 캘리그라피를 써보았다면 이번에는 기울기를 적용해봅니다. 기울기는 한 방향으로 기울일 수도, 여러 방향으로 기울일 수도 있습니다. 쓸쓸한 느낌이나 날카로운 느낌을 나타낼 때에는 사선 한 방향으로 기울기를 기울여 줍니다. 귀여운 느낌이나 통통 튀는 느낌을 주고 싶을 때에는 여러 방향으로 기울기를 변화시켜줍니다. 학생들은 기울기를 적용시키면서부터 글씨가 이상해진다고 느낄 수 있습니다. 아직 기울기 적용이 미숙하여 글씨와의 조화가 이루어지지 않는 경우가 많기 때문입니다. 이 경우에는 연필로 기울기를 표시한 후 쓰게 합니다. 또한 다양한 예시 작품을 보여주거나 따라 쓰며 기울기의 변화에 따른 글씨의 멋스러움을 느끼게 합니다.

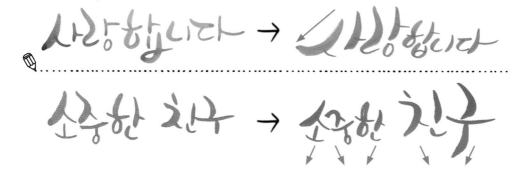

》 글자 배열

굵기, 크기, 기울기에 변화를 준 후에는 글씨의 배열을 다양하게 하여 균형감을 살립니다. 글자의 길이에 따라 두 줄 또는 세 줄로 어울리게 배열합니다. 글자를 균형 있게 배치하였는데 공간이 남거나 허전한 기분이 들면 간단한 그림을 그리거나 예쁜 스티커를 붙여줍니다. 학생들에게 글씨를 쓰는 일은 일상이라 캘리그라피 배우기를 거부감 없이 시작할 수 있습니다. 하지만 캘리그라피 옆에 간단한 그림을 그리는 일은 부담이 될 수도 있습니다. 이때 교사가 스티커를 준비해두면 학생들이 캘리그라피를 예쁘게 꾸미는 데 부담을 덜 수 있습니다.

〈 굵기＋크기＋기울기 변화를 준 글씨 〉　　　　　〈 균형이 맞게 구성된 글씨 〉

》 따라 쓰기

굵기, 크기, 기울기, 글자 배열을 배운 뒤에는 캘리그라퍼들의 작품을 따라 써보는 시간을 갖습니다. 다음 페이지에 삽입된 '캘리그라피 예시 작품 따라 쓰기'를 활용해 보세요.

》 나만의 글씨체 만들기

이제 나만의 글씨체를 만들어 보는 시간입니다. 아이들에게는 창의성을 발휘할 기회가, 선생님에게는 보람찬 순간이 됩니다

재미있는 놀이_나만의 글씨체 만들기

캘리그라피 예시 작품을 따라 써 보세요.

나만의 캘리그라피로 써 보세요.

뭐 먹을래?

감정을
담은
손글씨
캘리그라피

오늘오면
두근두근
콩닥콩닥

캘리그라피 예시 작품을 따라 써 보세요.

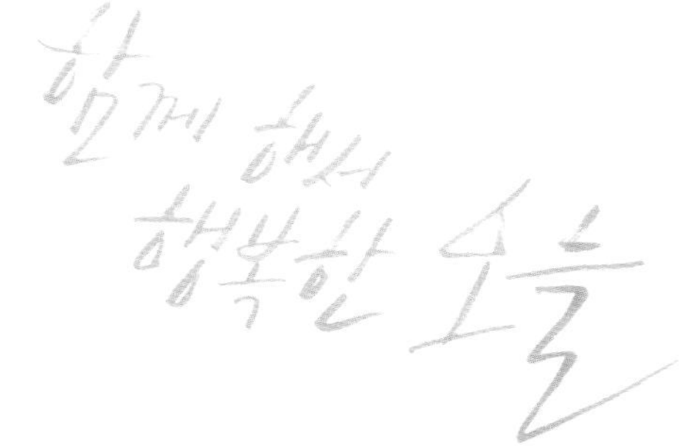

나만의 캘리그라피로 써 보세요.

함께 해서
행복한 소을

생일
축하해요

부러 갈으 나무

4. 캘리그라피 활용하기

선생님과 학생들이 쓴 캘리그라피를 이미지 파일로 만들면 좋아하는 사진과 합성하는 등 다양하게 활용할 수 있습니다. 알아두면 편리한 애플리케이션 활용법을 알아보도록 하겠습니다.

01 캠스캐너(CamScanner)로 캘리그라피 스캔하기

종이 위에 쓴 캘리그라피 작품을 스캔 애플리케이션 '캠스캐너(CamScanner)'로 촬영 및 스캔하여 이미지 파일로 저장해둡니다.

캠스캐너 앱 설치하기

앱 열고 🔘 누르기
[카메라 아이콘]

캘리그라피 촬영하기

⬛ 조절창을 드래그 하여
스캔할 부분만 남기기

오른쪽 아래 ✅ 누르기
[체크 아이콘]

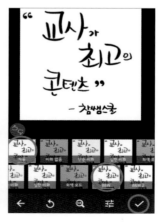

보정한 후 ✅ 누르기
[자동: 기존 글씨 색깔 보존 B&W: 흑백으로 보정]

스캔본을 2초 이상 눌러 저장할
이미지 선택하기

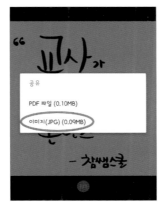

📷 눌러 이미지로 저장하기

〔갤러리에 저장 아이콘〕

📤 눌러 공유하기

〔공유 아이콘〕

※ 아이폰의 경우 저장할 이미지를 선택한 후 하단의 〔더보기〕-〔앨범〕으로 저장할 수 있습니다.

02 픽스아트(PicsArt)로 캘리그라피와 배경 사진 합성하기

캘리그라피와 배경 사진을 합성하는 쉬운 방법! 스캔하고 포토샵 편집을 하는 복잡한 과정
없이 이미지 편집 애플리케이션만으로 간단하게 합성할 수 있습니다. '픽스아트(Pics Art)'
를 활용하여 앞서 저장한 캘리그라피 스캔 이미지 파일과 원하는 배경 사진을 합성해 봅니다.

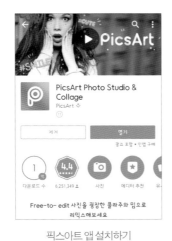

픽스아트 앱 설치하기

〔PicsArt Photo Studio & Collage〕

➕ 누르기

〔더하기 아이콘〕

📷 누르기

〔편집하기 아이콘〕

배경 사진 열고 누르기

(사진 추가하기 아이콘)

캘리그라피 스캔 이미지 불러오기

 (블렌드) 기능 중
(곱하기) 눌러 합성하기

원하는 위치, 크기, 각도로
조절한 후 ✔ 눌러 저장하기

(비공개 저장하기) 누르기

(아이폰 유저 : (더보기)-(앨범)에 저장)

🔵 눌러 휴대폰에 저장하기

(갤러리 아이콘)

만약 사진에 아이들 얼굴이나 개인 정보가 적나라하게 드러나거나 또는 지나치게 알록달록
하여 일정한 톤으로 보정하고 싶을 때는 (매직) 효과를 더해보세요. 같은 캘리그라피라도 배
경 톤에 따라 느낌이 달라질 수 있습니다.

또한 캘리그라피 글씨 색깔이 어두워서 배경 사진에 묻혀 잘 보이지 않을 때는 캘리그라피 이미지에 [컬러-음화] 효과를 넣어 흰색 글자로 바꿀 수 있습니다. 단계별로 천천히 따라해 보세요.

배경에 효과를 넣으면
느낌이 달라져요!

배경으로 쓸 사진 열고
[매직] 누르기

원하는 매직(예: Story Gold)
고르고 ✔ 눌러 저장하기

합성할 캘리 색깔을 흰색으로
바꿀 수 있어요!

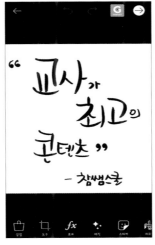

픽스아트에서 캘리그라피
스캔 이미지 불러오기

[효과] 누르기

〔컬러〕 중 〔음화〕 누르기

음화: 명암을 실재와 반대로 하다

음화 효과 적용 확인 후
〔갤러리에 저장〕 하기

배경 사진 열고 🖼 누르기

〔사진 추가하기 아이콘〕

스캔 이미지 불러와서
〔블렌드〕-〔스크린〕 누르기

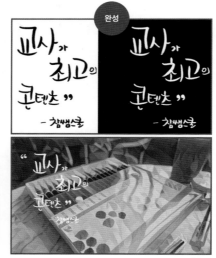

완성

글씨 색깔 음화 및 사진 합성 완성!

단계별로 따라하면
쉽게 완성할 수 있습니다.

캘리그라피, 이럴 땐 이렇게!

>> 평소 글씨체가 예쁘지 않은 아이

캘리그라피는 쓰는 사람마다 개성이 강하게 나타나는 미술 작품입니다. 글씨체가 조금 예쁘지 않아도 그 자체로 하나의 예술 작품임을 이해시켜주세요. 캘리그라피를 예술로 이해시키는 것 외에 글씨체를 바꾸는 팁도 있습니다. 글을 빠른 속도로 쓰게 하는 것입니다. 그러면 흐르는 느낌의 글씨나 날카로운 느낌의 글씨를 쉽게 쓸 수 있고 꽤 멋있어 보이기까지 합니다.

>> 작품 활동에 자신감이 없는 아이

캘리그라피는 쓰는 사람마다 각각 다른 매력을 가지고 있음을 이야기 해주세요. 자신의 캘리그라피를 담아 책갈피를 만든 후 이를 가방 등 학생의 소지품에 달고 다니는 것도 좋은 방법입니다. 직접 만든 작품을 친구에게 선물할 기회를 만들어 보세요. 캘리그라피는 다른 미술 작품보다 단시간에 여러 가지 작품을 생산해낼 수 있기 때문에 친구들에게 선물할 작품들을 많이 만들 수 있습니다. 친구들이 자신의 작품을 받고 좋아하는 모습을 보며 자신감을 되찾는 아이들을 발견하게 됩니다.

>> 다른 친구들보다 월등히 잘하는 아이

이 아이들은 서예 붓과 먹으로 화선지에 쓰게 하는 것이 좋습니다. 붓은 붓펜보다 굵기와 농도 등을 더욱 다이내믹하게 표현할 수 있습니다. 또 특유의 멋스러움으로 붓펜과는 또 다른 작품을 만들어 낼 수 있습니다. 학생들이 다양한 재료를 탐색하며 자신이 전문 캘리그라퍼가 된 듯한 느낌을 가질 수 있습니다. 서예 붓과 먹을 사용하는 것은 잘하는 학생에게 한 단계 높은 자극을 경험하게 해주기에 적합한 활동입니다.

>> 작품을 게시할 만한 공간이 없을 때

아이들이 만든 캘리그라피 작품을 게시하는 방법은 다양합니다. 자석을 붙여 칠판에 게시하거나 압정으로 교실 뒤 게시판에 게시하는 등 아이들이 서로 작품을 보며 느낌을 나눌 기회를 제공해 보세요. 만약 교실 뒤 게시판이 작품으로 가득 차서 게시할 만한 공간이 없다면 교실 뒤 게시판 아래와 사물함 사이 공간이나 복도 신발장 주변을 활용할 수 있습니다. 또한 종이컵에 써서 사물함 위에 올려둘 수도 있습니다.

〉〉 캘리그라피 전용 펜이나 붓펜 등 마땅한 준비물이 없을 때

캘리그라피 활동 시 전용 펜이나 붓펜 등 전문적인 도구가 꼭 필요한 것은 아닙니다. 채점용 색연필이나 아이들이 갖고 있는 연필, 볼펜, 사인펜도 굵기, 크기, 기울기, 글자 배열에 변화를 주면 매력적인 캘리그라피 작품으로 탄생합니다.

〈 복도에 작품 게시하기 〉

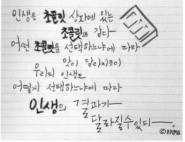

〈 볼펜과 사인펜으로 쓴 캘리그라피 〉

〈 채점용 색연필로 쓴 캘리그라피 〉

저자 소개 **김영화 (화성화수초등학교 교사)**

책을 읽고 재미있는 이야기를 나누는 것, 좋은 글을 예쁘게 쓰는 것, 그림 그리는 것을 좋아해서 이를 학생들과 나누기 위해 노력하고 있다. 2017년 '인디스쿨 그림축제' 및 'KBS 대한민국 1교시'에 제작 참여했다. 경기도교육청에서 진행하는 자율기획연수 캘리그라피 강의를 진행했으며 초등 아이스크림 원격교육연수원 '참쌤스쿨 그림교실, 교사가 최고의 콘텐츠다' 연수 강좌 제작에 참여했다. 처음엔 나다운 일을 찾기 위해 여러 활동을 하던 중 책, 그림, 예쁜 글씨 쓰기를 하게 되었으며 앞으로도 계속 나를 나답게 만드는 삶의 가치관을 찾아 학생들과 나누는 활동을 하고 싶다.

저자 소개 **하수지 (대전도마초등학교 교사)**

'나는 대한민국의 교사다'를 외친지 6년차에 접어드는 초등 교사! 교육 분야는 물론 미술, 여행, 영어 등 경험과 배움이 있는 곳이라면 어디든 향하는 배움 여행자이며 새로운 소식, 유용한 정보라면 주변과 나누고 싶어 근질근질한 탓에 가끔은 사생활 보호를 걱정할 만큼 공감과 나눔을 지향하는 열린 블로거 '하양쌤'이기도 하다. 2013년부터 대전교육정책 및 교육부, 한국교직원공제회 홍보 블로거단으로 활동했으며 이번 초등 아이스크림 원격교육연수원 '참쌤스쿨 그림교실, 교사가 최고의 콘텐츠다' 연수 강좌 제작에 참여했다. 현재까지 '하양쌤의 삶은 배움여행' 네이버 블로그 운영 중이다. 앞으로도 한 사람(하양)으로서 겪는 소소한 일상이나 여행·독서 등의 경험을 글로 남기고, 동시에 교사(하쌤)로서 살아가는 교실 풍경, 교육 정보를 지속적으로 나누고자 한다. 이를 통해 비슷한 길을 걷는 또 다른 누군가의 멘토가 되는 것이 소박한 꿈이다.

저서   도서 『창의인성 교육이야기 100문 100답』(한국과학창의재단, 2014)

센스있는
교실 환경 꾸미기

교실 환경 정리는 교사의 미적 재능을 뽐내는 활동이 아닙니다. 교사가 화려하거나

완성도 있는 아이템을 자꾸 제작하려다 보면, 정작 돋보여야 할 학습 결과물에는

소홀해지거나, 매년 새로운 것을 만드는 일회성 환경 정리에 그칠 가능성이 있습니다.

완제품은 완성도가 높고 재활용이 쉬우며, 간편하다는 장점이 있습니다.

그러나 각기 다른 학급의 특성이나 교사의 교육관 등을 비슷한 디자인이나 문구에

끼워 맞추다 보면 천편일률적인 환경 정리가 될 수 있습니다.

따라서 교실 환경 정리는 다음과 같은 방향으로 이루어지는 것이 좋습니다.

첫째, 시간과 노력이 너무 많이 드는 방법이 아닌, 비교적 간단한 방법이어야 합니다.

둘째, 우리 반만의 학급 특색이 드러나 다른 교실과 차별화할 수 있어야 합니다.

지금부터 학급 실정에 맞게 교실 환경을 꾸밀 수 있는 방법을 알아보겠습니다.

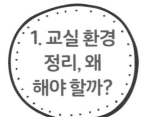

1. 교실 환경 정리, 왜 해야 할까?

01 좋은 교실환경이 아이들에게 긍정적인 영향을 줍니다.

영국 샐퍼드(Salford)대학 연구팀은 학생들의 성적 중 25%는 교실 환경과 관련이 있다는 조사 결과를 내놓았습니다. 안락하고 청결하며 서로의 작품을 통해 생각을 공유할 여지가 있는 교실이 성적 향상에 더 도움이 된다는 것입니다. 어떤 교실에서는 유독 안락하고 따뜻한 느낌이 느껴지는데, 어떤 교실에서는 어딘지 모르게 삭막하며 학급 경영이 제대로 되고 있지 않다는 느낌을 경험해 보았을 것입니다. 그만큼 교실 환경 정리는 그 안에서 살아가는 아이들에게 많은 영향을 주는 중요한 작업입니다.

02 소속감과 공동체 의식 함양에 도움이 됩니다.

교사가 갖고 있는 학급 운영관과 학급에서 지켜야 하는 규칙, 급훈 등을 교실 앞 게시판에 게시하면, 아이들은 매일 지나다니며 눈에 익히고 의식하면서 이를 지키고자 노력하게 됩니다. 말로 설명하는 것보다 환경 정리를 통해 전하고자 하는 것을 게시하였을 때, 아이들의 습득 효과는 더욱 높았습니다. 또한 우리 학급만의 학급 이름, 학급 특색을 담은 내용들로 학급 게시판을 꾸밈으로써 우리 반만의 특색을 갖게 되며 학급에 대한 소속감과 공동체 의식을 가질 수 있습니다.

03 학생들이 서로의 학습 결과물에 대한 관심을 키웁니다.

수업 시간에 해결한 학습지를 단순하게 나열하여 게시하는 것보다는, 직접 만져보고 살펴보아야 아이들의 관심이 급격히 높아집니다. 이렇듯 교사는 학습 결과물을 효과적으로 전시할 방법을 고민할 필요가 있습니다. 이를 통해 아이들은 친구들의 학습 결과물에 관심을 키우고, 교실 환경을 생각을 공유하는 장으로 변화시킬 수 있습니다.

2 센스있게 교실 환경을 꾸미는 방법

01 학습 결과물을 입체나 반입체로 전시하기

교실 환경의 절반 이상을 차지하는 것이 바로 학생들의 학습 결과물입니다. 학생들의 결과물을 조화롭게 게시하고, 더 나은 결과물의 동기를 자극하는 것도 바로 교사의 몫입니다. 단순히 학생들의 작품 주변을 꾸미는 것뿐만 아니라 결과물을 제작하는 방식이나 게시 방법까지 정하는 것이 환경 정리라고 할 수 있습니다.

학생들의 학습 결과물은 미술 시간에만 나오는 것이 아닙니다. 국어 교과의 각종 글쓰기 활동, 사회 교과의 조사 활동 등 다양한 학습 결과물을 학급에 전시할 수 있습니다. 이때 인쇄 용지나 도화지 등에 평면적인 결과물을 만드는 것도 좋지만, 북아트 기법을 활용하여 입체나 반입체 결과물을 만드는 것도 좋습니다. 게시 효과 측면에서 볼 때, 학생들이 직접 만져보고 들추어 보면서 호기심이 자극되기 때문입니다. 또한 학습 결과물의 완성도가 높아 보이므로 게시했을 때 시각적 효과도 뛰어나며, 학생 스스로 만족감도 클 것입니다.

이미 수많은 서적과 자료들을 통해 다양한 북아트 기법이 소개되어 있습니다. 그중에서도 아래에 제시하는 북아트 기법들은 만드는 방법이 매우 간단합니다. 전 학년에 적용하기 좋고, 만들기 활동에 자신없는 아이들도 쉽게 접근할 수 있는 기법들입니다. 또한 크기나 지면의 변형이 비교적 자유롭기 때문에 어떤 교과에도 적용할 수 있는 장점이 있습니다. 단, 외관에 지나치게 시간을 투자하여 내용에 소홀하지 않도록 교사가 정해진 도안을 제공해 주는 것이 좋습니다.

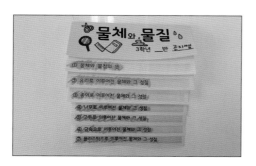

〈계단책 만들기〉
① 같은 크기의 종이를 여러 장 준비한다.
(A5 크기 3~4장이 적당하다.)
② 1.5~2.5cm씩 차등적으로 차이 나도록 접는다.
③ 접은 부분을 순서대로 겹치고
윗부분을 스테이플러로 박아 고정시킨다.
④ 각각의 칸에 내용을 꾸미고 제목을 적는다.

〈병풍책 만들기〉

① 두께감 있는 종이를 준비한다. (세워서 전시하기
때문에 일반 인쇄용지보다는 두꺼운 인쇄용지나 도화지를
사용하는 것이 좋다.)
② 반을 접은 뒤, 접은 선에 맞추어 다시 반으로 접어
병풍 모양을 만든다. (끝부터 접으면 정확하게
맞지 않으므로 반을 접고 다시 반을 접어주는 것이 좋다.)
③ 윗부분에 모양을 내고 싶다면 접은 상태에서
가로로 한 번에 잘라준다.
④ 각각의 칸에 내용을 꾸민다.

〈모양책 만들기〉

① 같은 크기의 종이를 여러 장 준비하여 좌우가
대칭이 되는 모양으로 자른다. 학습 주제와 관련 있는
모양으로 하거나 원형 색종이를 이용하는 것도 좋다.
② 모두 반으로 접어 책 모양이 되도록 붙인다.
③ 진한 색을 사용했다면 모양보다 조금 작게 속지를
잘라 붙인다.
④ 각각의 칸에 내용을 꾸민다.

**3. 간단한
방법으로 타이
틀 만들기**

도일리페이퍼는 100~200매에 5천 원 이내의 가격으로 비교적
저렴하면서도 쓰임새가 다양하여, 미리 장만해두면 유용하게 쓸
수 있습니다. 학생들의 선물을 포장하거나 작품의 대지로 쓰는
활용 방법도 있지만, 작품의 타이틀로도 활용할 수 있다는 장점
이 있습니다. 머메이드지 등의 색지에 도일리페이퍼를 붙인 뒤
여유를 조금 남겨 자르고 글씨를 인쇄하여 붙여주면 됩니다. 좀 더 간편하게 만들고 싶다면
정사각형의 색지를 도일리페이퍼와 엇갈리게 겹쳐 붙여주는 방법을 추천합니다.

〈 도일리 페이퍼를 활용한 타이틀 〉

도일리페이퍼는 크라프트지와도 잘 어울립니다. 색지 대신 크라프트지를 잘라 붙여주면 빈티지한 느낌의 타이틀을 꾸밀 수 있습니다. 또한 마 끈과 집게도 빈티지한 느낌을 살리기 좋은 아이템입니다. 타이틀을 붙일 자리에 장구 핀을 이용하여 마 끈을 고정시키고, 집게를 이용하여 매번 타이틀만 교체하면 간편하게 타이틀을 교체할 수 있습니다. 무게가 무겁지 않은 작품의 경우 마 끈과 집게를 이용하여 게시하는 것도 좋습니다.

또 다른 빈티지한 느낌의 타이틀로는 나무판을 이용해 만드는 방법이 있습니다. 대형 문구점에서 2천 원~3천 원 정도의 가격으로 마 끈이 달린 빈 나무판을 구매할 수 있습니다. 손글씨 느낌이 나는 폰트로 문구를 인쇄한 뒤, 딱풀로 붙여 무거운 책 등으로 잠깐 눌러놓으면 오래 사용하여도 잘 떨어지지 않습니다. 실제 나무를 사용하기 때문에, 별다른 장식을 하지 않아도 특별한 느낌으로 활용 가능한 타이틀이 완성됩니다.

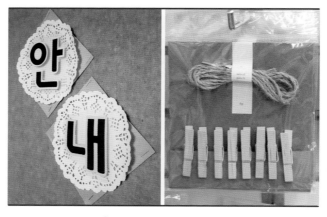

〈 빈티지한 느낌의 타이틀 〉

대형 모양 펀치도 타이틀을 만들기에 아주 간편한 아이템입니다. 특히 지름 70~80mm 정도의 원이 가장 쓰임새가 높아 장만해두면 계속해서 유용하게 사용할 수 있습니다. 학생들의 작품에 비하여 너무 화려하지 않도록 한두 가지의 색지를 골라, 글자 수에 맞게 펀칭하고 문구를 인쇄하여 붙여줍니다. 검은색 도화지도 함께 펀칭하여 약간 비껴 붙여주면 그림자 효과도 낼 수 있습니다.

이렇게 만들어진 타이틀은 스테이플러를 이용하거나 앞서 언급한 마 끈과 집게를 이용하여 게시할 수 있습니다. 만약 이와 같은 형태의 타이틀을 지속적으로 이용할 생각이라면, 게시판 주위에 있는 알루미늄 틀에 밸크로를 미리 붙여두는 것도 좋습니다. 타이틀 뒤에도 밸크로를 붙여서, 계속 교체하며 활용하는 것입니다. 일 년 동안 통일감 있게 타이틀을 게시할 수 있다는 큰 장점이 있습니다. 혹시 밸크로의 양면테이프가 남을까 봐 걱정이라면 셀로판테이프를 한 번 붙인 뒤 밸크로를 붙이면 학년 말에 비교적 깔끔하게 제거가 가능합니다.

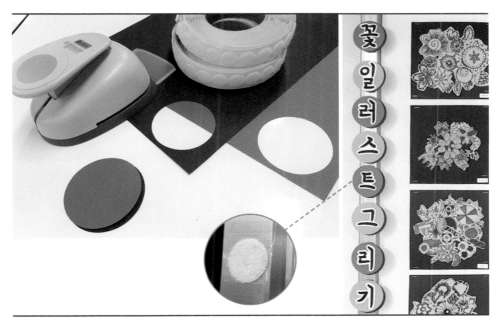

〈 대형 모양 펀치를 활용한 타이틀 〉

이렇게 타이틀을 만들어 지퍼백에 차곡차곡 모으다보면, 상황에 따라 바꾸어 쓸 수 있는 자신만의 타이틀 모음이 됩니다. 단, 활용도를 높이기 위해서는 중의적이고 포괄적인 문구로 타이틀을 만드는 것이 좋습니다. 예를 들어, '색종이로 봄꽃 만들기'보다는 '봄이 찾아오는 풍경'이 추후 봄과 관련된 다른 활동을 할 때 사용하기 쉬운 타이틀이 됩니다.

대형 문구점이나 인터넷 사이트 등에서 다른 모양의 대형 펀치도 판매 중이므로 취향에 맞게 골라 응용해볼 수 있습니다.

〈 가랜드를 활용한 타이틀 〉

가랜드를 활용한 타이틀도 만들기 간단하면서 활용도가 높은 방법 중 하나입니다. 가랜드는 대표적으로 두 가지 모양으로 만들 수 있습니다. 게시할 때에는 가랜드를 만드는 단계에서 미리 위쪽에 끈이나 리본을 끼우거나, 앞서 언급한 마 끈과 집게를 활용해도 됩니다.

가랜드는 어떤 곳에나 어울리며, 다양한 색을 사용해 화려한 느낌을 낼 수 있기 때문에 장식의 효과까지 있는 아이템입니다. 가랜드에 포인트를 주고 싶다면 뾰족한 끝부분에 장식을 붙여 마무리하면 좋습니다.

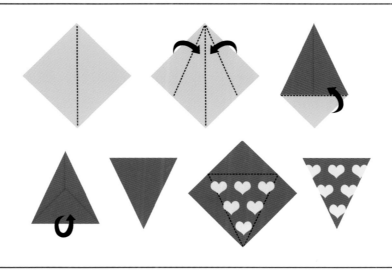

〈 학생들과 함께 색종이로 가랜드 만들기 〉

역삼각형 모양의 가랜드는 학생들과 직접 만들 수도 있습니다. 먼저, 색종이로 위의 그림과 같이 접어 가랜드 모양을 만든 다음, 접었던 것을 다시 펼쳐 일정 간격을 두고 무늬를 붙여 꾸밉니다. 무늬를 만들 때는 색종이를 여러 번 접은 상태에서 모양을 자르면 같은 모양 여러 개를 한 번에 자를 수 있습니다. 또는 작은 모양 펀치를 이용하는 것도 좋습니다. 무늬를 모두 붙인 뒤 잠시 책으로 눌러 두었다가 다시 가랜드 모양으로 접으면, 역삼각형 모양 밖으로 나오는 무늬도 함께 접혀 깔끔하게 마무리 됩니다.

이렇게 만든 가랜드는 상단에 펼쳐서 게시해도 되고, 가장자리 공간을 이용하여 팔(八)자 모양으로 기울여 전시해도 좋습니다.

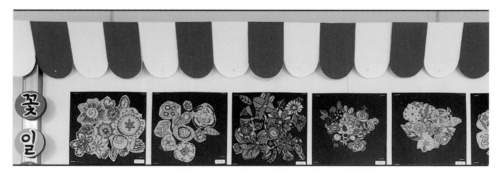

〈 처마를 이용해 게시판 상단 꾸미기 〉

처마는 단순한 모양으로 완제품에 준하는 시각적 효과를 내는 아이템입니다. 높은 완성도로 오랫동안 활용하기 위해서는 조금 번거롭더라도 펠트지와 우드락을 이용하는 것을 추천합니다. 문구점에서 접착 펠트지를 구입하면 아마 뒷면에 간격에 맞게 눈금이 그려져 있을 것입니다. 이를 이용해 밑그림을 그리고 자르되, 아랫부분은 컴퍼스를 사용해 둥글게 반원을 그려서 자릅니다. 자른 펠트지를 우드락에 붙인 뒤 열선 커터기로 자르면, 펠트지 때문에 자연스럽게 모양이 잡히며 수월하게 자를 수 있습니다. 이렇게 만든 처마는 핀을 이용하여 게시판에 고정하여 사용합니다. 보다 간편하게 만들고자 할 때는 머메이드지 등의 도톰한 색지를 이용하여 만든 뒤 스테이플러나 핀으로 게시하는 것도 좋습니다.

연말이 되면, 미술 시간을 이용하여 눈꽃을 만들어 붙이거나 크리스마스트리를 꾸미는 등의 활동을 하게 됩니다. 이때 게시판의 배경으로 어두운 배경지를 붙이곤 하는데, 이와 함께 사용하기 좋은 아이템이 바로 '도시 실루엣' 느낌의 장식입니다.

제작 방법은 다음과 같습니다. 먼저 게시판의 가로 길이와 맞게 검은색 부직포를 구입하여 분필을 이용해 밑그림을 그려줍니다. 뛰어난 그림 실력이 없더라도 길고 짧은 사각형과 삼각형을 불규칙하게 배치하면 마치 건물 모양과 비슷한 느낌을 낼 수 있습니다. 여기에 노란색 접착 펠트지를 창문 모양으로 잘라 이곳저곳에 붙여주면, 완제품과는 차별화되면서도 매해 유용하게 꺼내어 쓸 수 있는 아이템이 완성됩니다. 부직포로 만들기 때문에 동그랗게 말아 보관하면 자리를 많이 차지하지 않아 좋습니다.

〈 도시 실루엣 이용해 게시판 하단 꾸미기 〉

매해 유용하게 꺼내어 쓸 수 있는 아이템입니다.

02 교실 앞 게시판 꾸미기

대부분의 교실 앞 게시판은 칠판 양옆에 있습니다. 그런데 앞 게시판이 너무 화려하고 복잡하게 꾸며져 있다면 아이들의 시선은 칠판에서 게시판으로 옮겨지게 됩니다. 그러므로 앞 게시판은 되도록 간단하고 깔끔하게 꾸미고, 중요한 내용만 담아서 구성하는 게 좋습니다.

교실 앞 게시판은 다양한 주제로 꾸밀 수 있습니다. 그중 가장 보편적이고 중요한 주제는 바로 학급 규칙과 급훈입니다.

〈 학급 규칙 〉

앞서 소개한 타이틀 만들기 방법을 활용하여 학급의 이름, 급훈 등을 타이틀로 제시합니다. 저학년의 경우 쉬운 말로 풀어서 학급 규칙을 설명하며, 고학년의 경우 중요한 인성요소만 담아서 제시하여도 아이들이 쉽게 이해하고 지킬 수 있습니다. 이외에도 학급의 캐릭터, 학급 색깔, 학급 사진 등 우리 반을 나타내는 것들을 아이들과 함께 정하여 앞 게시판에 게시합니다. 아마 학년 초 학급 운영의 기초가 되어주는 환경 정리를 할 수 있을 것입니다.

〈 시간표 〉

학급 규칙 이외에도 앞 게시판에 전시하기 좋은 환경 정리 주제로는 '시간표'와 '안내판'이 있습니다. 시간표는 우드락판 또는 코르크판에 마 끈과 집게를 이용하여 꾸밀 수 있는데, 과목 이름만 여러 장 미리 뽑아 코팅해 놓고 집게로 집어 게시하면 매년 사용할 수 있는 유용한 아이템이 됩니다. 큰 판으로 만든다면 아이들 눈에도 띄고 비어있는 게시판도 채울 수 있는 아주 좋은 방법이겠지요.

안내판의 경우 안내장만 게시판에 전시하면 아이들이 어떤 안내장인지 내용을 구분하기 어렵고 종이가 찢어지는 경우도 많습니다. 그럴때는 안내장을 집 모양으로 전시하면 안내장은 창문, 안내장의 타이틀은 창틀로서 역할을 하게 되어 안내장끼리 구분하거나 관리 및 보관도 편리하며, 환경 정리 효과도 볼 수 있습니다.

이 외에도 학급 단체 사진을 분할하여 아이들이 직접 색칠하게끔 하는 협동화를 앞 게시판에 전시하여도 좋습니다. 앞 게시판은 보통 칠판 양옆으로 1개씩 있는데 아이들이 자주 확인하는 시간표, 안내판의 경우 교사 책상에서 먼 쪽에 게시해두어 아이들이 접근하기 쉽게 하는 것이 좋으며, 학급 규칙은 교사 책상에서 가까운 쪽에 전시해두면 틈틈이 아이들에게 지도할 때 활용할 수 있습니다.

03 교실 뒤 게시판 꾸미기

교실 뒤 게시판은 아이들의 작품만으로 채우기에는 너무나 넓습니다. 그러나 게시판을 마냥 비워둘 수는 없기 때문에, 간혹 벚꽃을 다룬 작품을 여름까지 게시해 두는 등 그대로 방치해 두는 경우가 있습니다. 따라서 1년 동안 게시하기에 좋은 주제들로 게시판의 한 쪽 공간을 꾸미는 것이 하나의 대안이 됩니다.

아래의 '버킷리스트 작성하기'는 아이들이 1년 동안 이루고 싶은 것, 하고 싶은 것, 지키고 싶은 것 등을 적고 이를 꾸미는 활동입니다

〈 버킷리스트 〉

1년 동안 내 버킷리스트를 보며 내가 이룬 것은 무엇이고, 무엇을 이룰 것인지 계속 상기할 수 있기 때문에 1년 동안 게시하기에 매우 적합한 환경 정리 주제라고 할 수 있습니다. 버킷리스트를 교체하고 싶을 때는 여름방학을 앞두고 하고 싶은 일, 겨울방학을 앞두고 하고 싶은 일, 학년 말 다음 학년으로 올라가면 이루고 싶은 일을 주제로 적어보고 이를 게시할 수 있습니다.

〈 버킷리스트 만드는 방법 〉

① 버킷리스트 도안을 인쇄하여 통의 앞면에 1년 동안 이루고 싶은 것 5가지를 적는다.
② 통의 앞면을 색연필, 사인펜을 이용하여 다양하게 꾸미며, 이때 글씨가 가려지지 않도록 주의한다.
③ 다른 A4용지에 5가지 버킷리스트와 관련된 간단한 그림을 그린다.
(이 때, 그림은 버킷리스트 통에 들어갈 크기로 그린다.)
④ 다 그린 그림들은 예쁘게 잘라서 통 위쪽에 붙인다.

독서판은 이미 많은 교실에서 활용하고 있는 환경 정리 주제입니다. 독서판의 경우 아이들이 책을 읽은 권수를 확인하여 해당하는 권수에 이름을 붙이는 방법, 학년별 권장도서에 자신이 읽은 책은 표시하는 방법이 대표적입니다. 읽은 권수에 이름을 붙이는 방법을 활용할 때는 간혹 독서판에 만들어 놓은 권 수 이상으로 읽는 학생들이 생기는데, 이럴 때는 아이들 이름에 '독서왕'이라는 왕관 표시나 글씨를 써서 붙여주고 다시 아래에서부터 시작하도록 하여도 충분히 독서 동기 유발에 도움이 됩니다. 권 수를 확인하는 방법은 예시 자료처럼 펠트지를 잘라 무지개로 전시하거나, 쌓여있는 책의 모양, 나무의 열매 모양 등으로 학급의 특색을 담아 꾸밀 수 있습니다.

또한 학년 권장도서 목록을 아이들이 읽도록 학급책장형식으로 독서판을 꾸밀 수 있습니다. 예시 자료처럼 펠트지로 책장을 간단하게 꾸미고, 권장도서 목록에 있는 책을 반 아이들이 모두 읽었을 때 책장 속의 책 공간에 읽은 책의 제목을 적고 그것을 색칠하며 꾸미도록 할 수 있습니다. 책을 한 권씩 채워가며 1년 동안 몇 권의 책을 책장 속에 완성시킬 수 있을지 기대해 볼 수 있는 환경 정리 방법입니다.

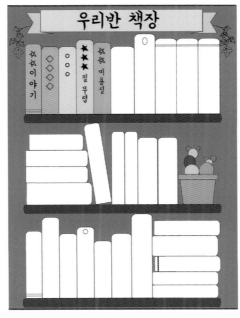

〈 독서판 〉

학급 환경 정리로 많은 교실에서 사용하는 방법인 '나무 꾸미기'는 대부분 완제품을 사서 붙이는 경우가 많습니다. 그러나 이러한 경우 나무는 정말 공간을 차지하는 용도로 밖에 쓰이지 않게 됩니다. 보다 의미있는 환경 정리 주제로서의 나무를 꾸미는 방법은 바로 '학급 나무 꾸미기'입니다. 이 활동은 특별히 식목일에 하는 것이 좋습니다. 아이들과 식목일의 의미에 관해 이야기해 본 후에 학급에도 나무를 꾸며보자고 이야기하면 아이들이 더 적극적으로 참여할 것입니다. 이때는 나무의 줄기는 교사가 만들거나 완제품을 사서 붙이더라도, 잎은 아이들이 직접 꾸미게 하는 방법이 좋습니다.

활동 방법을 소개하면 다음과 같습니다. 먼저 도화지에 다양한 모양의 잎을 그리도록 합니다. 아이들이 그리기 어려워할 경우 2~3가지 잎 도안만 잘라준 후 도화지에 대고 따라 그리면 좋습니다. 그리고 다양한 색과 무늬를 가진 잎을 꾸며 아이들이 직접 게시판에 붙이게 한다면, 더 이상 자리만 차지하는 나무가 아니라 아이들이 직접 꾸민 애정이 담긴 나무로 바뀌게 됩니다.

또 다른 환경 정리 주제는 바로 학급 보상 제도입니다. 요즈음에는 아이들의 경쟁을 부추기는 개인 보상 제도보다 협동심을 기를 수 있는 전체 보상 제도를 많이 활용합니다. 예시 자료에 나와 있는 보상 제도 또한 전체 보상을 위한 환경정리 게시물입니다. 개인별로 스티커를 보상하지만 결국 반 전체를 위한 보상판에 붙여 함께 채워나가며 보람을 얻을 수 있습니다. 보상판은 학급 전체가 누릴 수 있는 보상 중 학생들과 함께 정한 내용으로 넣어두는 것이 좋습니다. 이런 보상판을 통해 아이들은 다른 친구가 보상을 받았을 때 부러워하거나 질투하는 모습이 아니라 서로에게 감사하고 축하해주는 모습으로 변화된 교실을 볼 수 있을 것입니다. 전체보상의 경우 학급 모두가 관심을 가지고 살펴보기 때문에, 학급 특색에 맞게 주제를 정하여 꾸미면 1년 동안 게시하여도 무방한 환경 정리 주제입니다.

〈 학급 나무 꾸미기 〉

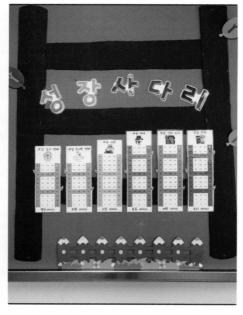

〈 학급 보상제도 〉

학급 사진판은 아이들의 1년의 추억을 담기 좋은 환경 정리 주제입니다. 큰 우드락 판 또는 폼보드 판에 마끈과 집게를 이용해 꾸미고, 타이틀을 붙여놓으면 매년 계속 활용할 수 있습니다. 그런데 아이들의 사진을 매번 사진으로 인화하여 전시하기는 힘듭니다. 그래서 위에 제시된 예시 자료처럼 한글 파일에 사진 파일을 복사한 다음, 그 아래 사진에 대한 설명을 적고 컬러 인쇄하여 코팅하면 마치 폴라로이드 사진과 같은 효과를 낼 수 있습니다. 사진 인화에 대한 가격 부담 없이 보다 손쉽게 더 많은 양을 전시할 수 있어 좋습니다. 또한 필름 모양으로 사진판을 꾸밀 수 있습니다. 검은색 도화지를 길게 붙이고, 흰색 사각형만 양옆에 붙여준 후 사진을 붙여주면 필름에 담긴 사진처럼 예쁘고 간단하게 사진판을 만들 수 있습니다.

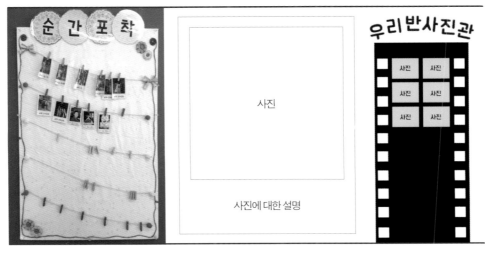

〈 사진판 〉

생일판은 아이들이 서로에 대해 관심을 가질 수 있는 좋은 환경 정리 주제입니다. 복잡하고 화려하게 꾸밀 수도 있지만 보다 간단하고 쉽게 매년 활용할 수 있는 방법은 다음과 같습니다.

〈 생일판, 1인 1역판 〉

① 색종이 컵에 벨크로 테이프를 이용해 1월~12월 글씨를 붙인다.
(컵에 바로 적는 방법도 있으나 벨크로 테이프를 이용하면 생일판이 아닌 다른 용도로도 사용할 수 있다.)
② 색종이 컵을 우드락판에 붙인다. (벨크로 테이프를 이용하여 붙이면 용도에 따라 수를 조절할 수 있다.)
③ 아이스크림 색막대에 코팅된 이름표를 붙인다. (이름표는 그림 도안으로 제작해도 좋다.)
④ 해당하는 달의 종이컵에 아이들 이름표를 넣어둔다.

다양한 색의 색종이 컵을 이용할 경우 멋진 환경 정리 주제가 됩니다. 양면테이프나 글루건으로 고정하여도 좋고, 벨크로 테이프를 이용하여 떼었다 붙였다 한다면 생일판 이외에도 다양한 주제로 활용할 수 있습니다. 또한 아이들의 이름표를 코팅한 후에 보드마카나 사인펜을 이용하여 이름을 적으면 다음 해에 지우고 다시 활용 가능합니다.

4. 실전! 교실 환경을 꾸미는 꿀팁 2

01 색깔 다채롭게 활용하기

색감이 없어 걱정이라면, 절대 실패하지 않는 색 조합이 바로 '무지개색'입니다. 실제 색깔의 스펙트럼이 무지개색의 배열과 동일하기 때문에 서로 자연스럽게 어울릴 수밖에 없습니다. 아이들의 작품을 구성할 때에도 다양한 색으로 작품을 제작하도록 한 뒤 무지개색의 순서로 배열하면 시각적으로 돋보이게 작품 게시를 할 수 있습니다. 또한 협동 작품을 만들 때 색감을 다채롭게 사용하도록 한 뒤에 한데 모아 전시하는 것도 아름다운 교실 환경을 조성하는 데 도움을 줄 Tip입니다.

환경 정리는 게시판에만 해야 한다는 고정관념을 버리기

환경 정리를 게시판에만 해야 한다는 고정관념을 버리면 훨씬 더 자유롭게 교실 환경을 꾸밀 수 있습니다. 첫 번째 예시 자료는 교실 앞문과 뒷문에 눈 결정체를 오려 붙여놓는 방법입니다. 겨울에 학생들과 과학 시간에 배웠던 눈 결정체를 직접 오려서 문에 붙여놓고 '눈이 오는 교실'을 꾸민 결과, 문을 여닫을 때마다 행복하고 즐거워하는 학생들의 모습을 볼 수 있었습니다. 두 번째 예시 자료는 미술 시간에 조형원리를 배우고 창문에 셀로판지와 절연테이프를 이용한 몬드리안 작품 꾸미기입니다. 이렇게 창문에 게시하는 작품은 다른 반 학생들도 자연스럽게 감상할 수 있다는 장점이 있습니다. 또한 다른 반 학생들의 긍정적 피드백은 학생들아 작품에 자부심을 갖는 데 큰 도움이 됩니다. 이처럼 환경 정리가 게시판을 벗어나 교실 곳곳에서 이루어지면 학생 스스로가 작품에 많은 관심을 갖게 되며, 추후 작품 제작 과정에서도 더욱 애정을 담게 된다는 것을 알 수 있습니다.

또한 창틀, 사물함 등에도 작품들을 게시하면 교실 환경 정리의 영역을 넓힐 수 있으며, 네모난 게시판에 아이들의 작품을 줄 맞추어 게시하는 것과 비교하여 공간의 제약이 사라져 보다 자유롭게 환경을 구성할 수 있습니다.

교실 환경 정리는 결코 손재주가 좋은 교사만의 전유물이 아닙니다. 첫 시도는 어렵지만, 학생들과 선생님의 작은 노력이 쌓여 1년의 교실 모습을 바꿀 수 있습니다. 이 중 한 가지라도 교실에 적용해보고 나아가 더 간편한 방법이나 보다 돋보이게 활용할 방안을 고민해본다면, 조화롭고 안락한 교실을 꾸미는 데 한 걸음 다가갈 수 있을 것입니다.

저자 소개 **고은지 (인천해서초등학교 교사)**

그림과 디자인을 통한 자료 개발에 관심이 많아, '참쌤의 콘텐츠 스쿨'에서 각종 교육 자료를 개발하고 공유하는 활동을 하고 있다. 대학원에서 미술 교육을 미술교육을 전공했으며 인천시교육청, 인천교육과학연구원의 장학 자료 삽화 및 편집, 인천교육연수원 홍보물 제작 등에 참여했다. 초등 I-scream에서 미술 수업 영상자료〈미미교실〉을 연재 중이며 아이스크림 원격교육연수원 '참쌤스쿨 그림교실, 교사가 최고의 콘텐츠다' 연수원 강좌 제작에 참여했다. 언제나 아이들의 삶을 가꾸는 미술 교육을 꿈꾸며, 진정한 의미의 미술 교육활동은 무엇인지에 대해 끊임없이 고민하고 있다.

저서 도서『교사생활 월령기』(에듀니티, 2017) 삽화 작업

수상경력 제47회 전국교육자료전 1등급 교육부장관상 (2016)

저자 소개 **최지현 (여천초등학교 교사)**

초등학교 교사이자 참쌤의 콘텐츠 스쿨' 3기로 활동하고 있으며, 미술 수업과 그림을 활용한 자료 개발에 관심이 많아 각종 교육 자료를 개발하고 공유하는 활동을 하고 있다. 재외동포재단 '2017 한글학교 교사 초청연수'에서 미술을 활용한 한국어 수업 설계실습 연수를 강의했으며 초등 I-scream에서 미술 수업 영상자료 〈미미교실〉 개발 활동을 진행중이다. 또한 아이스크림 원격교육연수원 '참쌤스쿨 그림교실, 교사가 최고의 콘텐츠다' 연수 강좌 제작에 참여했다. 훗날 즐겁고 재미있으면서 아이들이 꼭 배워야 하는 미술 활동들을 모아 소개하는 책을 만들길 꿈꾸고 있다.

수업에
접목해요

10.

까박쌤과 큰돌쌤의 만화로 배우는 역사 교실

학교 현장에서 선생님들에게 심적인 부담을 안겨주는 몇몇 과목이 있습니다.

그 중 대표적인 것이 바로 역사 수업입니다. 역사 수업이 어려운 가장 대표적인 이유는

단편적인 사실을 열거식으로 쭉 가르치기 때문입니다. 역사적 사건들을 분명 흐름과

이야기가 존재합니다. 이를 찾거나 만들어 내어 가르치는 것이 교사와

학생 모두가 좋아하는 역사 수업을 하는데 큰 도움을 줍니다.

이때 학생들의 흥미를 끌 수 있는 강력한 유인책이자 도구가 될 수 있는 것이 바로

비주얼을 활용하는 것입니다. 비주얼 중에서도 특히 만화를

수업에 적절하게 사용하는 것은 수업의 흥미와 내용 두 마리 토끼를 한꺼번에

잡을 수 있는 효과적인 방법입니다. 이번 차시에는 만화를 활용하여

효과적으로 역사수업을 진행하는 방법을 알아보겠습니다.

1. 역사 수업은 매우 중요합니다. 그러나?

01 **왜 역사 수업을 해야 할까?**

역사는 왜 배우는 것일까요? 과거의 사건들을 통해 현재를 가늠하고 미래를 예측하기 위해서? 혹은 역사를 통해서 삶의 지혜를 습득하거나 역사적 사고력, 비판력을 기르기 위해서? 모두 맞는 말이지만 개인적으로는 '재미있고 유익하기 때문에'라고 정의 내리고 싶습니다. 우리 주변에 이미 흥미로운 역사적 사실들은 드라마나 영화, 서적 등을 통해 존재합니다. '이순신 장군은 명량해전에서 어떻게 12척의 배만 가지고 133척의 적군을 물리쳤을까?', '광해군은 진짜 조선을 망친 폭군이었을까?', '조선 시대 왕의 생활은 어떠했을까?' 등 여러 궁금증을 해결해나가는 과정에 꼭 필요한 것이 바로 역사입니다. 호기심을 해결하니 재미도 있고, 과거의 사건을 통해 현재의 문제를 해결하는 지혜를 제공해주는 유익함까지 있으니 일석이조라고 할 수 있습니다. 그리고 '재미있고 유익한' 역사 수업은 초등학교 때 가장 중점적으로 이루어져야 합니다. 그러나 애석하게도 대부분 교과목에 대한 호불호는 초등학교 과정에서 거의 형성되고 굳어집니다. 따라서 초등 역사 수업은 그만큼 중요한 위치를 차지합니다. 그렇기 때문에 학습자들이 재밌어하고 유익하다고 느낄 수 있도록 선생님들이 내용을 훌륭하게 재구성하는 과정이 꼭 필요합니다.

02 **역사 수업은 왜 어려울까?**

앞에서 살펴본 것처럼 역사 수업은 초등 과정에서 적극적으로 교육할 필요가 있는 중요한 과목입니다. 그리고 역사 과목 자체는 학생들이 역사 수업을 재미있다고 여길 만큼 충분히 재미있는 요소를 학습 내용으로 가지고 있습니다. 그런데 왜 역사 수업을 하는 것이 어렵게 느껴질까요?

〉〉 단편적 사건 나열 위주의 수업전개

교과서에는 역사적 사건에 대한 충분한 전후 설명 없이 압축적으로 제시되는 경우가 많습니다. '1592년 일본이 부산을 쳐들어오면서 임진왜란이 터졌다. 1950년 6월 25일 새벽, 북한이

38선을 불법적으로 남침하면서 6.25전쟁이 터졌다'처럼 단편적인 사건 나열 위주의 구성은 역사를 전체적 흐름 속에서 파악하기 어렵게 만듭니다.

〉〉 학생들의 역사 수업에 대한 오해

역사 과목의 경우 많은 학생들이 흐름 속에서 자연스럽게 이해하는 과목이 아니라 연도, 사건의 순서를 달달달 암기해야 하는 부담스러운 수업으로 인식하는 경우가 많습니다. 역사 속에서 발생한 대부분의 사건들은 전후 관계가 긴밀하게 연결된 경우가 많은데 이에 대한 이해 없이 내용 중심으로 외우다 보면 과목에 대한 이해도가 크게 떨어집니다. 또한 과목 자체에 대해서 가지는 선입견 때문에 역사 과목에서 배우는 내용은 무조건 어렵다고 오해하는 경우가 많습니다.

〉〉 학습자들의 흥미를 끌 수 없는 수업 방법 사용

대부분 역사 수업은 교과서 살펴보기, 사건이 축약적으로 기술되어 있는 PPT 보기 등 학습자의 흥미를 끌기 어려운 수업 방법을 사용하는 경우가 많습니다. 특히 역사라는 교육 내용 자체에 대한 부담감 때문에 이러한 내용을 전달할 때 다양한 교육방법을 활용하는 것을 대부분 어렵게 생각합니다.

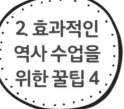

2. 효과적인 역사 수업을 위한 꿀팁 4

01 비주얼(만화)+스토리텔링 형식으로 수업 구성하기

비주얼(만화)과 스토리텔링 형식을 사용하면 학습 내용과 더불어 학습자의 흥미 유발까지 두 마리 토끼를 한번에 잡을 수 있습니다. 뿐만 아니라 이야기 형식으로 사건이 전개되기 때문에 비주얼(만화)과 학습 내용 사이에 자연스레 연결고리가 생기면서 내용 파악에도 도움을 줄 수 있습니다. 이때 교사는 여러 가지 질문을 통해 학습 내용의 이해

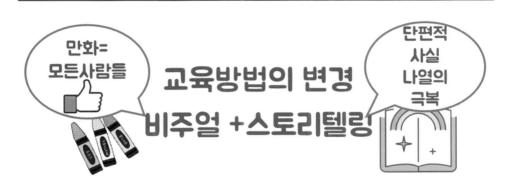

〈 삼국의 발전과 전성기 흐름을 만화로 제시 〉

〈 고려와 거란의 1차 전쟁에서 서희의 외교 담판을 카톡으로 표현 〉

〈 고려와 거란의 2차 전쟁에서 양규를 양으로 표현 〉

〈 윤관의 별무반을 별로, 금나라를 금덩이로 표현 〉

를 돕고 역사적 사고력을 확장하는 역할을 해주어야 합니다. 특히 실제 역사적 사실을 보여주면서 '너희들이 이 시대, 이 인물이었다면 어떤 선택을 했겠는가?'라는 질문을 던지면 학생들이 한 걸음 더 나아가 '나'였다면 어떤 선택을 했을까를 상상하게 되어 역사적 사고력과 시각을 확장하는 역할을 합니다.

〈 몰입의 경험 제공 〉

〈 역사적 사실이 기술된 PPT를 제시하는 것보다 배경 음악이나 효과음이 첨가된 만화 형식의 PPT를 제시하는 것이 그 시대, 그 인물의 입장이 되어서 역사적 사건을 이해하는 데 큰 도움을 줄 수 있습니다. 〉

02 몰입의 경험 제공

역사는 예전의 시간과 공간을 다루는 교과이기 때문에 내가 그 시대 그 인물의 입장에서 생각해보는 것이 가장 효과적인 학습 방법입니다. 이를 위해서 비주얼(만화)와 더불어 적절한 효과음 그리고 배경음악을 집어넣는 것이 좋습니다. 가령 안중근 의사의 의거에 대해서 배울 경우 단순히 교과서에 제시된 것처럼 사건을 글로 기술한 것과 안중근 의사의 사진을 보는 것보다 그때의 상황을 재구성하여 배경음악, 총소리가 추가된다면 1909년 하얼빈 역에서 안중근 의사가 어떠한 마음을 가지고 거사를 행했는지 공감하는 데 도움을 줄 수 있습니다.

03 흐름 중심의 수업구성 - 전, 후 사건의 재구성

역사적 사건들은 대부분 전후 사건의 영향을 주거나 받는 경우가 많습니다. 즉, 실제 역사적 사건들을 잘 살펴봐도 스토리텔링 형식으로 수업을 재구성할 수 있는 '콘티'가 짜여진 경우가 많다는 뜻입니다. 이렇게 전후 사건들을 재구성할 때 다양한 역사 서적들, 역사 다큐멘터리들, 역사 교과서들을 참고할 수 있습니다. 가령 강화도 조약을 맺는 과정의 경우 조선이 병인양요, 신미양요를 거치면서 프랑스와 미국의 침략을 물리쳤는데 왜 어이없게 일본에 의해서 개항이 되었는가 의문을 가질 수 있습니다. 전후 사건들을 살펴보면 신미양요가 끝나고 미군의 배에는 일본 정보원 '안토 다로'라는 사람이 있었습니다. 아무런 정보 없이 조선과의 통상을 위해 쳐들어왔던 프랑스, 미국과 다르게 일본은 앞의 두 사건에서 조선군의 취약점, 정세변화 등 상세한 정보를 수집하여 일본 본토에 보고했던 것입니다. 또한 때마침 강력한 쇄국정책을 펴던 대원군이 물러나게 되면서 이른바 운요호 사건을 핑계로 쳐들어온 일본은 강화도 조약이라는 열매를 따 먹을 수 있었던 것입니다.

04 흐름 중심의 수업구성 - 새로운 이야기의 창작

사회 교과서를 살펴보면 전후 사건이 제시되어 있지 않아 난감한 부분들도 존재합니다. 가령 조선 후기 서민문화의 발달 같은 경우 민화, 서양 문물의 전개, 천주교, 여성의 사회적 지위 등

단편적인 역사적 사실들은 많지만 이를 엮을만한 스토리가 없습니다. 이럴 경우에는 새로운 이야기를 창작해내는 과정이 필요합니다. 저는 조선 후기 서민문화의 발달에서 위의 항목들을 가지고 조선 후기 성리학적 세계관과 서양 문물의 도래로 격렬하게 충돌하던 상황에 착안하여 '홍어사가 김근재 대감의 집에서 발생한 열녀 사건 조사하기' 이야기를 추리극 형식으로 만들어보았습니다. 이 경우 실제 사건의 흐름이 존재하지 않기 때문에 훨씬 시간과 노력이 많이 들어가지만, 학생들이 수업에 더욱 몰입감 있게 반응하였습니다.

✏️ 다음은 학생들의 이름, 선생님 이름을 등장인물로 구성하고 추리극 형식으로 재탄생 시켰습니다.

〈 새로운 이야기 창작 구성과정 〉

	조선후기 서민문화의 발달	
① **학습차시에서 구성요소 뽑아내기**: 각 차시에서 핵심이 되는 구성요소들을 선정합니다.	- 성리학적 문화(충, 효의 강조) - 서양 문물의 도래(천주교+서양 과학기술 문화) - 서민문화의 발달(민화, 문자도), 서민들의 생활상 묘사(김홍도의 그림) - 여성의 사회적 지위(가부장제로 인한 종속적 지위)	**①학습차시에서 구성요소 뽑아내기** -성리학적 문화(충,효의 강조) -서양문물의 도래(천주교, 서양 과학기술 문화) -서민문화의 발달(민화, 문자도) -여성의 사회적 지위(가부장제-종속적 지위)
② **각 요소별 인물, 배경 설정하기**: 앞에서 선정한 구성요소들로 인물, 사건, 배경을 구성합니다. **인물:** 주동인물, 반동인물, 주변인물 세 그룹으로 성격을 구성하고 교사 및 학생의 이름 적극 활용합니다.	- 성리학적 문화(충, 효의 강조): 김근재 대감, 김성준 진사(성리학적 가치를 강조하는 전형적 인물들로 부자관계─손자 김민준의 죽음이 손자며느리 때문이라고 생각하여 며느리를 죽이고 열녀로 둔갑)	**②각 요소별 인물의 성격 만들기** -성리학적 문화(충,효의 강조) 김근재 대감, 김성준 진사 →성리학적 가치 강조/악역 (열녀사건의 조작)
	- 서양 문물의 도래(서양 과학기술 문화): 홍승민 어사(서양 과학기술 도구를 적극적으로 활용하는 깨어있는 인물로 진실을 밝히는 역할)	**②각 요소별 인물의 성격 만들기** -서양문물의 도래(서양과학기술 문화) 홍승민 어사 →서양과학기술 적극 활용, 깨어있는 인물/주인공

사건: 주로 갈등 상황, 추리극 형식으로 구성하고 인물간의 대립이 두드러지게 간결한 플롯으로 작성합니다.	– 여성의 사회적 지위(가부장제로 인한 종속적 지위): 손자며느리 송 씨 부인(천주교를 믿고 만민평등사상을 가지고 있었던 깨어있는 인물), 손자 김민준(부인의 영향을 받아 천주교를 믿었으나 박해로 인해 죽임을 당하는 인물)	**②각 요소별 인물의 성격 만들기** -여성의 사회적 지위+천주교 며느리 송씨부인 →천주교(평등사상), 깨어있는 인물 손자 김민준 →부인의 영향, 박해로 죽임을 당함
배경: 시간적 배경, 공간적 배경을 해당 차시에 맞도록 선정합니다.	– 서민문화의 발달(민화, 문자도), 서민들의 생활상 묘사(김홍도의 그림): 김근재 대감이 사는 마을 사람들의 생활 모습을 김홍도의 그림으로 제시, 김근재 대감의 집에 민화, 문자도 배치(충, 효를 강조한 내용)	**②각 요소별 배경 설정하기** -서민문화의 발달(민화, 문자도) →당시의 생활상을 제시
③ 인물, 배경을 바탕으로 스토리 짜기: 인물들의 소품, 성격, 사건의 전개, 시·공간적 배경, 실제 역사적 사건들 속에 학습 내용이 자연스럽게 녹아있도록 구성합니다.	– 배경: 서양 문물과 성리학적 가치관이 충돌하던 순조 대 – 줄거리: 한 마을에 열녀 사건이 발생하여 실제로 그러한지 조사를 하기 위해 조정에서 홍승민 어사를 파견함→김근재 대감의 손자며느리 송씨 부인의 방과 시신을 조사→방과 시신을 조사하던 중 천주교인이었다는 단서가 발견됨→사건이 조작됐음을 직감하고 홍승민 어사가 김근재 대감을 추궁→추궁 결과 손자 김민준이 천주교인이었던 며느리를 만나 평등사상을 배우고 종국에는 천주교 박해 때문에 목숨을 잃자 김근재 대감이 복수를 계획→손자며느리인 송씨 부인을 죽이고 남편의 죽음을 못 잊어서 따라 죽은 열녀 사건으로 둔갑→결국 홍승민 어사가 진상을 밝혀내고 며느리 송씨 부인은 안식을 되찾음	**③인물, 배경을 바탕으로 스토리 짜기** -배경 : 천주교 박해가 계속되면서 서양문물과 성리학적 가치관이 충돌하던 순조 대 -스토리 : 조작된 열녀사건을 파헤치는 추리극

④ 스토리를 바탕으로 만화 그리고 PPT 자료로 제작합니다.	주요장면을 바탕으로 만화를 그리고 PPT로 옮긴 뒤 배경음악과 효과음을 필요한 슬라이드별로 삽입함

④ 스토리를 바탕으로 만화그리기, PPT자료 제작

만화로 하는 역사 수업 시 활용 가능한 저작도구, 참고서적 및 매체

종류	구체적 용례
저작도구	**Adobe Draw** 휴대폰, 태블릿pc, 데스크톱에 쉽게 설치 가능한 무료 애플리케이션이다. 상호 호환성이 좋으며 특히 휴대폰이나 태블릿pc에 설치하면 손가락이나 펜으로 손쉽게 선을 그려서 그림을 그릴 수 있다. 향후 jpg, png, psd파일 등으로 만드는 것도 가능하다.
	Cam Scanner 아날로그 형식으로 종이에 그림을 그린 뒤 디지털화 할 때 스캔할 수 있는 용도로 사용 가능한 무료 애플리케이션이다.
	Microsoft PowerPoint 역사 수업에 사용할 자료를 만들 때 가장 손쉽게 활용할 수 있는 도구로, 만화로 그린 장면들을 슬라이드별로 붙여 넣거나 화면을 겹친 뒤 애니메이션 효과를 주는 것이 가능하다. 또한 효과음, 배경 음악을 첨가하여 효과적인 역사 수업을 가능하게 한다.
주요 참고매체	**지식채널e** 잘 알려지지 않은 개별 역사적 사실에 대한 비화를 영상을 통해 잘 제시해준다. 동기유발 자료나 주요 사건의 흐름을 구성할 때 활용할 수 있다.
	역사저널 그날 하나의 역사적 사건이나 인물에 대해서 스토리텔링 형식으로 제시해주는 방송 프로그램이다. 역사 수업을 구상할 때 좋은 아이디어를 많이 얻을 수 있다.

3. 학습 캐릭터 그려보기

01 **교실활동 예시 - 학습 캐릭터 따라 그리기**

역사 교과서에는 인물 중심으로 역사적 사실이 제시되는 경우가 많습니다. 따라서 한 차시를 학습하고 난 뒤 가장 기억에 남는 인물을 선정하여 그 인물을 학습 차시 정리를 위한 학습 캐릭터 따라 그리기의 소재로 활용할 수 있습니다. 이 활동은 교사가 먼저 그린 다음에 학생들에게 제시하거나 학생들과 함께 활동을 같이하는 방식으로 진행할 수 있습니다.

① 한 차시에서 중요한 역사적 인물, 소스 선정

② 이미지를 떠올린 후 단어로 나열하기

③ 그림으로 표현하기

※ 최대한 쉽고 재미있게 그리기

〈 학습 캐릭터 따라 그리기 〉

직관과 상상력에 맡긴 학습 캐릭터 따라 그리기 예시

삼국의 불교의 수용편

역사적 사실	직관적 표현	역사적 사실	직관적 표현	역사적 사실	직관적 표현
고구려 소수림왕	왕관을 쓴 소	백제 침류왕	왕관을 쓴 침을 꽂은 사람	고구려 법흥왕	왕관을 쓴 법전

역사적 사실	직관적 표현	역사적 사실	직관적 표현	역사적 사실	직관적 표현
중국에서 불교를 수용함	중국에서 온 택배를 받는 모습	일본에 불교를 전래함	백제의 옷깃을 쥐고 있는 일본인	이차돈의 희생	목에서 하얀 피가 나왔다하여 이차돈을 우유로 표현함, 이차돈에 대한 미안함을 법흥왕의 눈물로 그림.
삼국 중 첫 번째로 불교를 수용함	가슴에 쓰인 1	삼국 중 두 번째로 불교를 수용함	가슴에 쓰인 2와 문화강국임에도 불교 수용이 늦어진 데에 대한 심기 불편한 표정	삼국 중 세 번째로 불교를 수용함	가슴에 쓰인 3

색칠하면
한 눈에 보기 쉽습니다.

〈 연산군과 정조 〉

같은 형태로 그리더라도 얼굴 표정과 효과, 소품을 달리하면 다른 사람으로 표현할 수 있습니다.

보라색 곤룡포를 입은 술 취한 표정의 왕.
술병, 피로 물든 칼 등의 소품을 추가하여
연산군을 나타냅니다.

빨간색 곤룡포를 입은 피곤한 듯 다크서클이 있는 왕.
수원 화성과 책 등의 소품을 추가하여
정조를 나타냅니다.

〈 단군 〉

역사적 사실	직관적 표현
고조선의 8조법	머리의 8 머리띠
제사장과 정치적 지배자 역할을 동시에 수행함	얼굴의 두 가지 색으로 표현
고조선의 대표 유물	청동방울, 청동검, 미송리식 토기, 탁자형 고인돌 적절히 배치

〈 이순신 장군 〉

초인-로보트
두정갑
충무공
12척
거북선
장검
학익진
천자총통, 지자총통

① 임진왜란을 극복한 이순신 장군 하면 떠오르는
이미지를 단어로 적어봅니다.

② 로봇의 느낌을 살려서 얼굴과 투구를 각지게
그려줍니다. 투구 위에는 한반도 모양으로 그려줍니다.

③ 안쪽에 눈과 수염을 그려주고
로봇의 각진 얼굴을 표현합니다.

④ 두정갑 형태의 몸통을 그려주고 가운데
충무공을 상징하는 충 한자와 12를 표시해줍니다.

⑤ 각진 팔과 무기인 장검을 그려줍니다.

⑥ 등 쪽에 천자총통, 지자총통 등
화약무기를 그려줍니다.

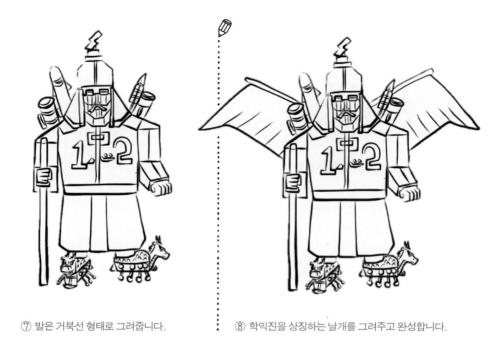

⑦ 발은 거북선 형태로 그려줍니다.

⑧ 학익진을 상징하는 날개를 그려주고 완성합니다.

〈 구석기인 〉

① 구석기인의얼굴, 눈, 코, 귀를
그려줍니다.

② 수염을그려줍니다.
머리도 수염도 삐죽삐죽합니다.

③ 가죽으로 만든 옷을 입혀줍니다.

④ 뗀석기를그려줍니다.
깨뜨리거나 떼어 만든 표시를 해줍니다.

⑤ 뗀석기로 사냥한 사냥감도 그려줍니다.

⑥ 구석기에 사용하기시작한 불도 그려줍니다.

⑦ 주 거주지인 동굴을 그려줍니다.

⑧ 채집을 위한 과일나무를 그리고
멋지게 색칠해줍니다.

01 **교실 활동 예시 - 결정적 한 장면 그리기**

중요했던 역사적 사건을 선정하여 그 내용을 정리해보는 활동을 할 수도 있습니다. 이 활동 역시 교사가 그려서 제시하거나 학생들과 함께해 볼 수 있으며 방법은 학습 캐릭터 따라 그리기와 비슷합니다.

4. 역사 속 결정적 한 장면 그리기

① 역사적 사건 선정하기

② 떠오르는 이미지 단어로 적어보기

③ 그림으로 표현하기

※ 직관적으로, 떠오르는 대로 그리기

〈 결정적 한 장면 그리기 〉

이차돈의 순교	① 이차돈의 순교하면 떠오르는 이미지를 단어로 적는다. ② 하얀 피가 솟구쳤다는 것에 착안하여 흰색 액체 중 학생들이 친숙한 것이 무엇인지 떠올려본다. ③ 우유의 형태로 그림을 완성한다.

일본군 위안부	① 일본군 위안부하면 떠오르는 이미지를 단어로 적는다. ② 위안부 소녀상, 짓밟힌 소녀와 꽃잎, 일본 제국주의의 상징(욱일기)이 그려진 손을 차례대로 그린다. ③ 세 이미지를 한 화면에 배치한다.

경술국치	① 경술국치하면 떠오르는 이미지를 단어로 적는다. ② 경술국치에 일조한 화려한 친일파의 모습과 망국 조선의 초라함을 대조해서 나타내기 위해 화려한 복장의 친일파를 그린다. ③ 한자 '망'자를 PPT 애니메이션 효과로 서서히 나타나게 한다.

결정적 한 장면 그리기

내가 선정한 역사 주제 :

떠오르는 이미지 :

김근재 (서울청담초등학교 교사)

현직 초등학교 교사로 '참쌤의 콘텐츠 스쿨' 3기로 활동하면서 교육 콘텐츠 개발 활동에 참여하고 있다. 특히 역사와 연계된 교육 콘텐츠 개발에 관심이 많아, 각종 교육 콘텐츠를 개발하고 사이트에 공유하는 활동을 좋아한다. 2012년부터 '인디스쿨 큰돌샘 역사극장, 수업의 완성, 역사학습지, 초보교사교육상담소' 등의 교육 콘텐츠를 제작 및 공유하고 있으며 2017년 호국보훈의 달을 기념하여 '제시의 일기' 콘텐츠를 제작하기도 했다. 아이스크림 원격교육연수원에서는 '참쌤스쿨 그림교실, 교사가 최고의 콘텐츠다' 연수 강좌 제작에 참여했으며 현재 서울대학교 대학원 교육학과 석사과정에 재학하며 실질적인 배움과 학습이 일어날 수 있는 수업을 만들기 위해 필요한 교육 콘텐츠를 제작하고, 역사 교육과 관련한 책을 쓰고자 교육 콘텐츠 제작에 힘쓰고 있다.

저서　도서『교사 생활 월령기』(에듀니티, 2017) 삽화작업

수상 경력　2016 창의교육 우수 실천사례 최우수상 (교육부, 한국과학창의재단, 서울교육대학교 주관)

윤예림 (간재울초등학교 교사)

현직 초등학교 교사로 비주얼씽킹, 교육 콘텐츠, 교사공동체, 웹툰 및 일러스트레이션 개발 활동에 참여하고 있다. 역사 관련 콘텐츠를 만들어 꾸준히 초등학교 교사 커뮤니티 인디스쿨에 업로드하고 있으며 이번 아이스크림 원격교육연수원에서는 '참쌤스쿨 그림교실, 교사가 최고의 콘텐츠다' 연수 강좌 제작에 참여했다. 앞으로도 수업과 교실 운영에 도움이 되는 콘텐츠를 만들고 싶은 꿈을 가지고 있다.

저서　도서『리얼 교실 웹툰 1반 선생님』(천재교육, 2016) 삽화 작업

　　　도서『수업을 살리는 놀이레시피』,『초등 수업을 살리는 미술 레시피 101』(천재교육, 2017) 삽화 작업

수상 경력　2015 행복한 인천교육 홍보 공모전(웹툰-장려)

　　　2015 학교 인권 웹툰 대회 대상 수상(국가인권위원회)

11

아이들과 함께하는
행복한 그림 놀이

그림 놀이는 펜과 종이만 있으면 재미있는 놀이를 할 수 있기 때문에

준비 과정에 부담이 없고 간편하다는 장점이 있습니다.

일단 한 번 따라 해보면 그림 놀이가 아이들에게 미치는 영향과

그 효과에 매우 놀라게 될 것입니다. '아이들과 함께하는 행복한 그림 놀이'를 통해

아이들과 더 깊게 소통하고, 잠재력을 길러줄 수 있는

활기찬 교실 만들기를 시작해 볼까요?

1. 그림 놀이란?

우리는 놀이 활동이 아이들에게 재미를 주고, 사고력을 신장시켜 준다는 사실을 잘 알고 있습니다. 그럼 여기서 한 발 짝 더 나아가 놀이에 '그림'이 더해지면 어떤 수업이 탄생할 수 있을까요? 그림 놀이란, 단어 그대로 '그림＋놀이'를 말합니다. 즉, 그림 그리는 활동에 놀이 요소를 접목시켜 아이들이 표현 활동에 재미를 느끼고 창의력과 협동심을 기를 수 있도록 의도된 놀이 활동입니다. 머릿속 생각을 밖으로 꺼내는 과정에서 연상 능력과 창의력을 함께 발달시킬 수 있으며, 그림에 대한 흥미도 자연스럽게 상승할 수 있습니다.

2. 그림 놀이를 활용한 교실 수업의 장점

01 그림 실력과 상관없이 함께 즐길 수 있다.

그림 놀이의 가장 큰 장점 중 하나는 그림을 잘 그리지 못하는 아이들까지도 즐겁게 참여할 수 있다는 점입니다. 학교 현장에서 교사들은 어떠한 분야에서 '잘하지 못하는 아이들' 또는 더 나아가 '흥미가 없는 아이들'과 함께 할 수 있는 놀이를 찾기 위해 많이 고민합니다. 하지만 그림 놀이는 아이들이 좋아하는 '놀이' 요소가 들어있기 때문에 그림 실력에 부담을 느끼지 않으며 모두 함께 즐길 수 있는 장점이 있습니다.

재미 | 관계 | 사고력 | 연상능력 | 그림에 대한 흥미

02 **최소한의 준비물로 최대한의 효과를 가져올 수 있다.**

그림 놀이는 준비물이 매우 간단합니다. 어떠한 활동을 함에 있어서 준비 과정이 번거롭다면 아무리 유익하고 좋은 활동이라 할지라도 시작 전에 너무 많은 에너지를 소진하게 됩니다. 그러나 그림 놀이는 가지고 있는 연필과 종이만으로 최대의 효과를 누릴 수 있습니다!

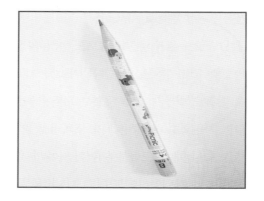

03 창의력 팡팡, 사고력 쑥쑥!

어떠한 활동이 오직 재미만을 추구한다면 교육적으로 매력적이지 못하겠지요. 그림 놀이는 머릿속 이미지를 밖으로 꺼내어 표현하는 그 자체만으로도 연상 능력, 창의력, 표현력이 길러질 수 있으며 재미 요소까지 더해지니 일석사조의 효과를 누릴 수 있습니다.

04 표현 활동이 두렵지 않다.

자신을 드러내거나 생각 표현하기를 두려워하는 아이들이 있습니다. 그림 놀이는 이러한 아이들이 자신의 생각을 자연스럽게 표현할 수 있는 기회를 줌으로써, 아이들의 표현 활동에 대한 자신감을 길러줄 수 있습니다.

05 함께하고, 이해하고, 협동하고!

친구들과 함께 하는 다양한 놀이형 그림 그리기의 경우 협업을 통해 친구들과 협동심을 기르고 서로를 이해하는 경험을 하게 됩니다. 또한, 함께 웃고 즐기며 그림을 그리는 과정에서 친구들과의 관계 또한 돈독히 할 수 있습니다. 그림 놀이를 통해서 재미도 느끼고, 교우관계도 좋아집니다.

3. 즐거운 그림 놀이 1~5

01 그림놀이 하나! **제 점 수는요**

준비물: 종이, 연필, 사인펜

놀이방법 및 규칙

① 종이, 연필, 사인펜을 준비합니다.

제 점 수는요, 12개 **입니다.**

② 선생님은 점의 개수를 정해줍니다.

점을 너무 붙여 찍지 않도록 안내해주세요

③ 짝꿍의 종이에 사인펜으로 점을 찍습니다.

점을 선으로 연결하여 그림

그림의 주제는 선생님께서 정해주셔도 되고, 자율에 맡기셔도 됩니다.

점이 그림의 일부가 되도록 그림

점이 그림의 일부가 되도록 그림을 그리는 방법은 선생님께서 시범을 한 번 보여주세요!

④ 짝꿍이 찍어준 점을 모두 선으로 연결하거나,
점이 그림의 일부가 되도록 그림을 그립니다.

⑤ 작품이 완성되면 점을 어떻게 이용하여
어떤 그림을 그렸는지 친구들끼리 돌려보며
이야기를 나누는 시간을 갖습니다.

〉〉놀이의 장점 및 특징

· 점을 이용하여 어떤 그림을 그릴지 고민하는 과정에서 집중력 및 사고력이 길러집니다.

· 짝과 함께 완성한다는 의미가 크기 때문에, 그림 실력에 대한 부담감이 적습니다.

〉〉참고 사진 및 그림

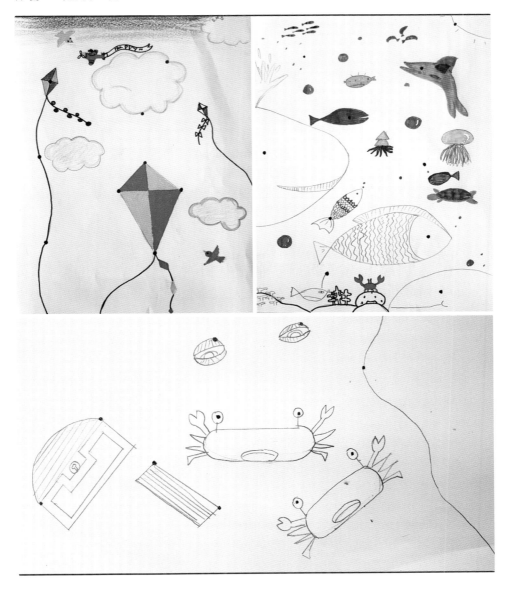

02 그림놀이 둘! 그림 탐정

준비물: 종이, 연필, 안대

놀이방법 및 규칙

① 모둠원 중 그림 탐정(1명)을 정하고, 안대로 눈을 가립니다. 안대가 없으면 눈을 감고 있도록 합니다.

② 선생님이 제시어를 제시합니다.

③ 그림 탐정을 제외한 팀원들은 제시어와 관련된 낱말들을 브레인스토밍 합니다.

④ 그림 탐정이 답을 떠올리기에 가장 적절한 낱말을 하나씩 골라 그림을 그립니다. 제시어 공개부터 그림을 다 그리기까지 제한 시간을 두는 것이 좋습니다. (3분 정도)

⑤ 그림 탐정이 안대를 벗고, 모둠원들이 그린 그림들을 통해 제시어를 맞히면 점수를 얻습니다.

>> 놀이의 장점 및 특징

• 하나의 제시어를 설명하기 위해 함께 그림을 그리는 과정에서 모둠 구성원으로서의 책임
  감을 길러줄 수 있습니다.

• 자신의 그림이 큰 힌트가 될 수 있으므로, 자연스럽게 세밀한 표현이 가능해집니다.

>> 참고 사진 및 그림

〈 제시어: 산타클로스 〉

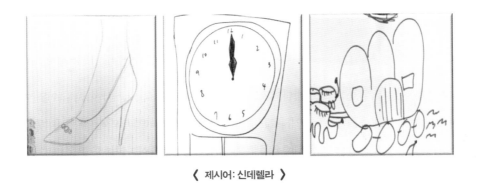

〈 제시어: 신데렐라 〉

그림놀이 셋! **일심동체 추리놀이**

준비물: 종이, 연필

놀이방법 및 규칙

① 4-5명을 한 팀으로 구성하고,
뒤로 한 줄로 앉습니다. (앞뒤로 1줄이 1팀)

② 선생님이 첫 단어를 칠판에 적습니다.

③ 첫 번째 자리에 앉은 학생들은
제시어의 끝 글자로 시작하는 단어를 그립니다.

④ 동시에, 뒷자리 친구들은 앞 친구가
그릴 그림을 추리하여, 앞 친구의 단어의 끝 글자로
시작하는 단어를 그립니다.

⑤ 팀별로 모여서 이어지는 그림 수를 셉니다.

⑥ 이어지는 그림 개수만큼 점수를 얻습니다.

〉〉 놀이의 장점 및 특징

· 아이들의 흥미를 이끌어내기 쉬운 게임 형식의 놀이이며 협동심이 포인트입니다.

· 아이들은 다 함께 그림을 연결해보는 과정에서 서로 간 생각의 과정을 이해하고, 매우 즐거워합니다.

· 유추할 때, 앞 친구 뒤통수를 빤히 쳐다보며 고민하는 아이들의 모습을 발견할 수 있습니다.

〉〉 참고 사진 및 그림

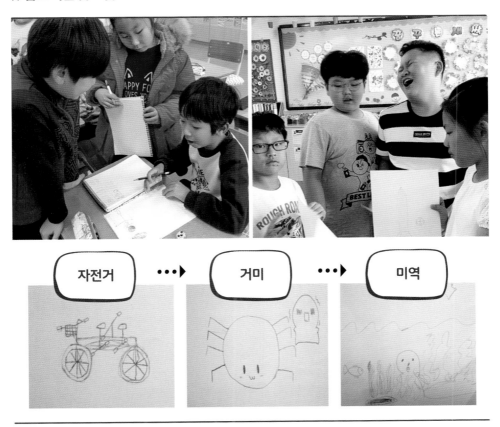

그림놀이넷! **릴레이 초상화**

준비물: 종이, 사인펜

놀이방법 및 규칙

① 뒤로 한 줄 (4~5명)이 한 팀이 됩니다.

② 모델 한 명을 정하고,
칠판 앞에 잘 보이게 서있습니다.

③ 앉은 자리에 따라 모델의
얼굴형→머리 스타일→눈→코→입→귀 순서로
그림을 그려야 함을 안내합니다.

④ 맨 뒤에 앉은 학생부터 시작합니다.
자신이 맡은 부위를 다 그렸으면 종이를 앞으로 넘깁니다.
마지막 학생은 맡은 부위를 그리고 나면
작품을 칠판에 붙입니다.

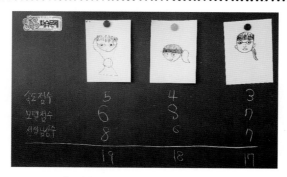

⑤ 평가표를 이용하여 점수를 부여합니다.

	팀1	팀2	팀3	팀4	팀5	팀6
속도 점수	6	5	4	3	2	1
모델 점수	6	3	8	7	4	5
선생님 점수	7	4	5	8	6	3
합계	19	12	17	18	12	9

① 속도점수: 릴레이이기 때문에 속도 점수를 준다.(경쟁 요소)

② 모델점수: 모델의 주관적인 관점으로 점수를 준다.(재미 요소) 단, 모델에게 아부하는 경우가 생긴다.

③ 선생님 점수: 묘사력이 좋고 잘 된 작품 순으로 점수를 준다.(회화 요소)

〉〉 놀이의 장점 및 특징

- 모델의 특징을 잘 표현하기 위하여 자연스럽게 관찰력과 집중력이 향상됩니다.

- 모델이 친구이기 때문에 그려진 초상화에 공감대를 형성하고 재미를 느낄 수 있습니다.

〉〉 참고 사진 및 그림

모델에게 아부하는 경우가 생길 수 있습니다.

준비물: 종이, 연필, 사인펜

놀이방법 및 규칙

① 자신의 고민 상황을 사인펜으로 그리고,
이름을 씁니다.

② 그림을 모아 무작위로 학생들에게 나눠줍니다.

③ 연필로 친구를 위로해주는 그림을 그리고,
응원의 메시지를 작성합니다.

④ 그림을 돌려받고
친구의 위로의 그림과 메시지를 확인합니다.

매우
중요한과정입니다

⑤ 소감 및 느낀 점을 발표합니다.

〉〉 놀이의 장점 및 특징

* 현재 나의 고민과 힘든 상황에 대해 곰곰이 생각해볼 수 있는 기회가 됩니다.

* 서로의 고민을 이해하고 공감하며 친구들 간에 돈독한 관계가 형성됩니다.

* 그림을 통해 나의 고민을 표현하고, 위로와 힘을 받을 수 있습니다.

〉〉 참고 사진 및 그림

수진아
어서
낫길바라!!

저자 소개 **김민준 (교문초등학교 교사)**
현직 초등학교 교사이자 '참쌤의 콘텐츠 스쿨' 3기로 활동하면서 교육 콘텐츠 개발 활동에 참여하고 있다.
'2017 인디스쿨 그림축제'에서 그림 놀이 강의를 진행했으며 초등 아이스크림 원격교육연수원 '참쌤스쿨 그림교실, 교사가 최고의 콘텐츠다' 연수 강좌 제작 및 '참쌤스쿨과 함께 하는 쿨타운 공감토크'에서 그림 놀이 강의를 진행했다. 앞으로 그림을 활용한 다양한 콘텐츠를 제작하여 학생들의 교육에 보탬이 되는 것을 목표로 삼고 있다.
저서 도서 『교사생활 월령기』(에듀니티, 2017) 삽화 작업

저자 소개 **서지영 (금가초등학교 교사)**
청주교육대학교 미술교육과 졸업 후 초등미술교육 대학원을 재학하며 초등미술교육에 대한 지식을 쌓았으며, 이미지화된 교육 콘텐츠 활용을 통한 교실 변화의 가능성에 초점을 두고 다양한 미술 활동 콘텐츠를 제작하여 공유하고 있다. 현재는 '참쌤의 콘텐츠 스쿨'에서 아이들과 함께 할 수 있는 '그림 놀이'를 소개하는 강사로 활동 중이며, '2017 인디스쿨 그림축제'에서 그림 놀이 강의를 진행했다. 또한 초등 아이스크림 원격교육연수원 '참쌤스쿨 그림교실, 교사가 최고의 콘텐츠다' 연수 강좌 제작 및 '참쌤스쿨과 함께 하는 쿨타운 공감토크'에서 그림 놀이 강의를 진행했다. 재미있는 미술 활동을 통해 아이들과 함께 소통하는, 생동감 있는 교실을 만드는 것이 목표이며, 그 과정에서 많은 고민이 담긴 다양한 미술 활동, 그림 놀이 콘텐츠를 만들어 선생님들과 공유하고 싶다.
저서 도서 『교사생활 월령기』(에듀니티, 2017) 삽화 작업
기타 활동 충북교육신문 〈착한어린이신문〉 교사 만화 연재(2017)

12
영상으로 따라 하는
호기심 가득 미술 수업

당장 이번 주 미술시간에는 어떤 활동을 해야 할지,

그리고 그 활동을 아이들에게 어떻게 안내해야 할지 많은 선생님이 고민합니다.

변화한 학습 환경 속에서 미디어에 익숙한 요즘의 우리 아이들에게

효과적으로 미술 활동을 안내하는 방법에는 어떤 방법이 있을까요?

본 차시에서는 미술 수업의 시작에서부터 끝까지

그 고민의 해답을 영상을 통한 미술 수업으로 찾아보고자 합니다.

1. 1인 미디어와 수업

요즘 초등학생들에게 장래희망을 묻는다면 어떤 대답들이 나올까요? 의사, 교사, 연예인 등 예전부터 꾸준히 선호되던 직업들 사이에 새롭게 부상한 직업이 있습니다. 바로 '콘텐츠 크리에이터'입니다. 어른들에게는 다소 생소하기만 한 이 직업 이름이 아이들에게는 매우 익숙합니다. '콘텐츠 크리에이터'란 동영상 중심의 플랫폼에서 각종 리뷰나 개인 방송 등을 올리는 사람들을 뜻합니다. 우리가 흔히 TV 프로그램에서 접하는 것처럼 유명 연예인이 나오는 것도 아니고, 다수의 사람이 등장하는 것도 아닙니다. 평범한 1인 크리에이터가 혼자 내용을 구상하고 방송을 준비하는 소규모 방송이지만 이들의 인기는 연예인 못지않습니다. 특히 요리 방송은 '쿡방', 음식을 먹는 모습을 중계하는 방송은 '먹방'이라고 불리는데, 초등학생들은 게임을 중계하는 방송이나 어린이 장난감을 리뷰하는 방송들을 주로 시청한다고 합니다.

특히 눈여겨볼 것은 그동안의 주요 어린이 콘텐츠들의 경우 성인이 만들어 공급하고 초등학생들은 수요자에 그쳤지만 이제는 초등학생들이 직접 콘텐츠 크리에이터로 참여까지 하고 있다는 점입니다. 그만큼 영상 콘텐츠에 대한 초등학생의 관심이 높습니다. 이는 초등학생에게만 한정되어 있지 않습니다. 초등학생보다 인터넷 사용이 자유롭고 능숙한 청소년들에게는 웹드라마와 각종 SNS가 인기입니다. 그래서 이러한 청소년의 흥미를 교육적으로 활용한 교사들도 늘어나는 추세입니다.

초·중·고등학교를 불문하고 많은 교사들이 학급 SNS를 운영하면서 각종 교육자료를 공유합니다. 또 1인 미디어 방송을 운영하면서 이를 통해 수업 내용을 요약 정리하거나, 자세한 설명이 필요한 것은 동영상으로 업로드합니다. 교사들 역시 이미 만들어진 동영상 교육 자료를 그대로 재생하는 것에서 더 나아가 우리 교실에 맞는 교육 자료 제작을 위해 스스로 1인 미디어, 동영상 콘텐츠 크리에이터가 되고 있는 것입니다.

과거에 미처 예상하지 못했던 새로운 변화가 교육 현장에서 일어나고 있으며 교사들 또한 그러한 흐름을 따라가고 있습니다. 이것이 바로 1인 미디어와 영상 교육 자료에 관심을 가져야 하는 가장 큰 이유입니다.

미술 수업을 준비하고 진행하면서 교사들은 많은 어려움을 겪습니다. 많은 교사가 미술에 자신이 없어 하고 그렇기 때문에 스스로가 미술을 잘 가르칠 수 없다고 생각하기 때문입니다. 반대로 미술을 좋아하는 교사라도 학생들에게 미술 활동을 어떻게 설명해야 하나 고민에 부딪히곤 합니다. 미술 수업에서 교사의 설명과 시범은 학생들의 활동과 성취도가 달라질 수 있는 중요한 부분이기 때문입니다. 미술 수업에 있어 교사들이 겪는 대표적인 고민 두 가지는 아래와 같습니다.

〉〉 미술 수업 시간에 어떤 활동을 할 것인가?

미술은 수업 전에 교사의 준비가 요구되는 교과 과정입니다. 교사가 활동을 이해하고 있어야 학생들에게 작품 구상 계획과 준비물 등을 미리 안내할 수 있기 때문입니다. 이러한 교과의 특성 때문에 교사들은 미술 수업을 준비하는 데 많은 고민을 하게 됩니다. 가장 먼저 하게 되는 고민은 바로 '무엇을 수업할 것인가?', '어떤 활동을 할 것인가?'입니다. 여기에 '우리 반 아이들에게 꼭 맞는 활동 주제는 무엇일까?'라는 질문을 한 가지 더 던져볼 수 있습니다.

〉〉 그 활동을 어떻게 안내할 것인가?

학생들에게 색종이는 친숙한 미술 재료입니다. 학생들에게 색종이를 준비해서 두 번 접으라고 말이나 글로 안내한다면 교실에서 어떤 일이 생길까요?

색종이를
두 번 접으세요.

교사가 생각한 색종이 접기 방법은 한 가지이지만 학생들은 다양한 방법으로 색종이를 접을 것입니다. 하지만 그림이나 사진으로 보여준다면 어떨까요?

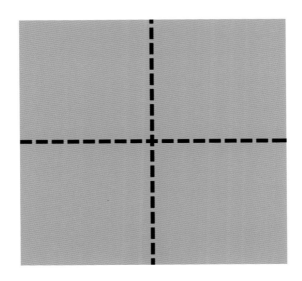

종이접기 책에 실리는 방법대로 종이 접는 방법을 도식화하여 한 장의 그림으로 표현한 것입니다. 대체로 학생들이 접은 모양은 비슷하게 될 것입니다. 그러나 몇몇 학생들은 '첫 번째 접었던 것을 다시 펴서 접는지', '첫 번째로 접은 것을 그대로 두고 두 번째를 접는지' 헷갈릴 수 있습니다. 그림과 사진으로도 완벽하게 설명하는 것은 한계가 있다는 것입니다.

이럴 때는 이해하기 쉽게 '영상'으로 안내하는 것이 하나의 해결 방법이 될 수 있습니다. 학생들에게 말로 여러 번 설명했으나 이해하기 어려워했던 내용을 영상으로 보여줬을 때 쉽게 이해하는 모습을 다른 교과에서 종종 발견할 수 있습니다. 특히 만들기 수업은 간단한 방법인데도 말로 설명하기 어려운 부분이 있습니다. 이때 영상을 통한 미술 수업이 학생들에게 큰 도움이 될 것입니다. 학생들의 질문을 줄이기 위해 영상으로 미술 수업을 하는 것이 아니라, 학생들의 이해를 돕고 작품 완성을 통한 성취감 향상을 위해 교사는 스스로 1인 미디어 제작자, 콘텐츠 크리에이터가 될 필요가 있습니다.

2. 영상을 활용한 미술 수업의 장점

🖊 위의 고민에 대한 해결 방법이 될 수 있는 '영상'은 미술 수업에서 아래와 같은 장점을 가집니다.

〉〉 하나. 활동 방법 및 주의점을 효과적으로 이해할 수 있습니다.

'백문이 불여일견'이라는 말이 있듯이 교사가 말로 백 번 설명하는 것보다는 직접 볼 수 있는 사진이나 영상을 제시하면 학생들은 한 번에 방법을 이해하게 됩니다. 앞에서 살펴보았듯이 "색종이를 두 번 접으세요."보다는 색종이를 접는 방법에 대한 영상을 보여주는 것이 방법을 전달하는 데 효과적일 것입니다.

〉〉 둘. 미디어를 좋아하는 학습자의 특성에 부합하는 학습 방법입니다.

1인 미디어 시대의 학습자들은 유튜브(YOUTUBE) 영상 사이트 활용에 익숙하다고 합니다. 그만큼 요즘 아이들은 영상에 익숙하고 흥미도가 높습니다. 이러한 학습자들은 말보다는 텍스트에, 텍스트보다는 그림이나 사진에, 사진이나 그림보다는 움직이는 영상에 더 집중하고 흥미를 느끼는 특성을 가집니다. 영상은 학습자들의 이러한 특성에 부합하는 학습 방법으로 학습에 대한 흥미와 호기심을 유발할 수 있으며 보다 학습자들이 수업에 적극적으로 참여할 수 있게 도와줍니다.

〉〉셋. 영상을 통해 전체적인 활동 과정을 인지할 수 있습니다.

수업 시간에 활동 방법을 담은 영상을 본 학생들은 전체적인 과정과 단계를 쉽게 인지하게 됩니다. 활동 과정을 인지한 학생들은 활동 시간을 스스로 조절할 수 있고 활동 시간을 조절하면 시간 안에 작품의 완성도를 높일 수 있습니다. 이렇게 탄생한 완성도 높은 작품과 미술 수업에서의 성공 경험은 학생들에게 성취감을 높여줄 것입니다. 그리고 이러한 성취감은 결국 미술이라는 교과에 대한 흥미로 이어질 수 있습니다.

01 **교육과정과 성취기준을 분석하여 재구성하기**

미술 수업에서 가장 중요한 것은 교육과정과 성취기준입니다. 그러나 다른 교과에 비해 미술 교과의 교육과정과 성취기준 분석은 소홀히 하는 경우가 많습니다. 미술 수업에서 활동 아이디어를 떠올리는 가장 쉬운 방법은 성취기준을 살펴보는 것입니다. 그 후에 가르쳐야 할 내용이나 성취해야 할 활동을 구상해보는 것이 좋습니다. 예를 들어 '평면, 입체, 영상 등 다양한 표현 형식의 특징과 표현 효과를 알고 방법을 탐색한다.'라는 성취기준에 도달하기 위해 애니메이션이라는 학습 내용을 학생들에게 가르칠 수 있습니다. 그리고 애니메이션의 원리인 잔상 효과를 알아보고 체험하기 위해 직접 잔상 부채나 소마트로프 등의 장난감을 만들고 스마트폰으로 촬영하여 감상하는 활동을 구상합니다. 또한, 교과서에 제시된 활동을 계획하되 만약 학생들이 활동하기에 어렵거나 흥미를 유발하지 못하는 활동의 경우 활동을 재구성하는 것도 하나의 방법이 됩니다.

성취기준	학습 내용	활동 재구성
평면, 입체, 영상 등 다양한 표현 형식의 특징과 표현 효과를 알고 방법을 탐색한다.	애니메이션의 원리, 잔상효과	소마트로프 만들기

02 시기별/계절별 활동 구상하기

수업 시기에 맞는 활동을 떠올리는 것도 하나의 방법입니다. 예를 들어 3월 학기 초라면 자기소개 활동으로 '젠탱글 이름표 만들기'나 '소개 왕관 만들기', 학교 기본생활 및 규칙 정하기와 관련하여 '학급 슬로건 꾸미기' 등의 활동을 구상할 수 있습니다.

또한 시기별 각종 계기 교육에 맞는 활동을 구상해 볼 수도 있습니다. 가정의 달 5월에는 '수채화 캘리그라피', 6월에는 호국보훈과 관련하여 '무궁화 모빌 만들기' 등의 활동을 떠올릴 수 있습니다. 4계절 느낌을 살릴 수 있는 활동을 구상하는 것도 하나의 방법이 됩니다.

〈 신학기: 소개 왕관 만들기 〉

〈 신학기: 학급 슬로건 꾸미기 〉

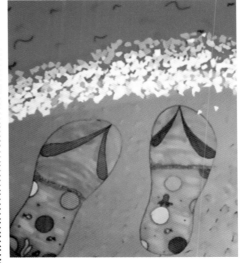

〈 어버이날: 수채화 캘리그라피 〉　　　　〈 여름: 해변 슬리퍼 꾸미기 〉

03　재료와 도구를 통해 활동 떠올리기

아무리 좋은 활동이라도 당장 학년 준비물실에 재료나 도구가 준비되어있지 않으면 미술 수업을 하기가 쉽지 않은 게 현실입니다. 그러므로 쉽게 구할 수 있는 재료들로 진행하는 미술 활동을 떠올려 볼 수 있습니다.

예를 들어 쉽게 구할 수 있는 색종이, 색연필, 사인펜 등으로 '색종이 가랜드'를 만들 수 있습니다. 만약 마음에 드는 활동 중 구하기 힘든 재료가 있다면 대체할 수 있는 재료를 떠올려 재구성하는 것도 하나의 방법이 됩니다. '커피 필터에 수성 사인펜 번지기' 활동에서 커피 필터라는 재료는 학교 준비물실에서 구하기 힘듭니다. 그러므로 '물이 쉽게 번지는 다른 재료는 없을까?'라고 생각해 보면 한지나 화선지 등의 접근성이 좋은 재료를 떠올릴 수 있습니다. 이렇듯 성질이 비슷한 재료로 대체하면 멋진 활동을 할 수 있습니다.

미술 활동에 쓰이는 도구를 통해 활동을 떠올리는 방법도 있습니다. 예를 들어 스테인드글라스 활동을 하려고 하는데 칼을 사용하는 것이 부담스럽고 안전이 걱정된다면 '가위로 하는 스테인드글라스'와 같은 활동으로 재구성할 수 있습니다.

《 색종이를 이용한 가랜드 만들기 》

《 가위로 하는 스테인드글라스 》

《 한지에 수성 사인펜 번지기 》

04 앱과 사이트 활용하기

아래와 같은 국내외 미술 활동을 담은 사이트나 스마트폰 앱을 참고하면 미술 활동 아이디어를 얻기 좋습니다.

 핀터레스트 **(pinterest)**	이미지 공유 및 검색 사이트로 이미지를 기반으로 한 SNS이다. 국내외 미술 수업을 엿볼 수 있으며 각종 공예 작품들의 예시와 활동 방법이 링크되어 있어 미술 수업 아이디어를 얻을 수 있다. **TIP** craft, child art, diy, kid와 같은 키워드를 검색하면 초등미술과 관련된 활동들이 나온다. 찾고자 하는 활동 주제에 '~craft for kid'를 붙이는 것도 하나의 방법이다. 예를 들어 봄과 관련된 공예 작품을 찾고 싶다면 'spring craft for kid'로 검색한다.
 인스타그램 **(instagram)**	사진 및 동영상을 공유할 수 있는 SNS로 많은 사람들이 사용하고 있는 만큼 활동 자료의 양도 방대하다. **TIP** #craft, #childart #diy #craftforkids 등의 해시태그를 이용해 검색한다.

5-Minute Crafts	유튜브와 페이스북, 인스타그램 등의 SNS에 운영중인 페이지로 미술 수업의 아이디어가 되는 각종 공예 방법을 담은 영상과 생활 속 팁 등의 아이디어가 게시되어 있다.
KROKOTAK	5-Minute Crafts와 마찬가지로 유튜브와 페이스북, 인스타그램 등의 SNS에 운영 중인 공예 영상 페이지이다. 초등학생이 할 수 있는 미술 활동들이 더 많이 게시되어 있다는 장점이 있다.
Easy Peasy and Fun	어린이들을 위한 공예 자료를 제공하는 페이지이다. 간단한 색칠 놀이 미술 활동을 위한 각종 튜토리얼까지 아동 미술 교육 자료를 무료로 받을 수 있다는 장점이 있다.

4. 미술 활동 영상 촬영하기

01 영상 촬영

〉〉 거치대 설치하기

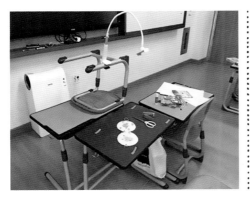

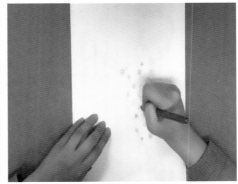

- 교사의 두 손이 모두 나올 수 있도록 높이를 조절하여 설치합니다.
- 작업하는 모습이 화면의 중앙에 위치할 수 있도록 조정합니다.

책상에 화면 잡히는 영역을
마스킹 테이프로 표시해두면
작업 중 화면을 이탈하지
않도록 해줍니다.

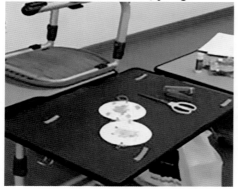

〈 클립형(집게) 거치대 〉

클립형(집게) 보다는
나사형 거치대가
흔들리지 않고 화면을
잘 잡아주는 편입니다.

〈 나사형 거치대 〉

영상 촬영 중 핸드폰은
비행기 모드로 바꾸어 놓아야
중간에 전화가 와도
영상을 저장할 수 있습니다.

〉〉 영상 촬영 준비하기

• 촬영 책상 외에 1개의 책상을 더 준비하여 작품 제작에 필요한 준
  비물을 모두 미리 준비해둡니다.

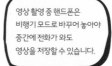

〉〉영상 촬영하기

* 교사의 시선 방향 또는 옆에서 영상을 촬영합니다.
* 각 단계별로 필요한 재료만 올려놓습니다. 모든 준비물이 올라와 있을 경우 학생들이 집중하기 어렵기 때문에 필요한 재료 이외에 나머지 것들은 다른 책상에 두고 촬영합니다.

* 중요한 부분이나 자세히 보여주고 싶은 부분은 천천히 움직이거나, 손을 카메라 쪽으로 가깝게 들어 촬영합니다.

타임랩스* 기능 활용
긴작품 활동의 시간을 압축하여 빠르게 보여주기에 좋습니다. 정상 속도로 촬영한 뒤 편집 단계에서 빠르게 시간을 압축하는 방법도 있습니다.

실물화상기의 녹화 기능 활용
교실에 있는 실물화상기에 녹화 기능이 있다면 훨씬 편하게 촬영을 할 수 있습니다.

*타임랩스(time lapse)란 저속 촬영하여 정상 속도(real time)보다 빠르게 돌려서 보여주는 특수영상기법. 시간의 흐름을 압축하여 표현하는 영상 기법입니다.

〉〉영상 자막, 속도 넣기

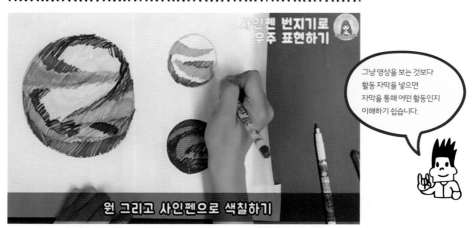

> 그냥 영상을 보는 것보다
> 활동 자막을 넣으면
> 자막을 통해 어떤 활동인지
> 이해하기 쉽습니다.

- 정상 속도로 촬영하였다면 빠르게 보여줘야 하는 단계와 정상 속도보다 더 느리게 보여줘 야 하는 단계를 구분할 필요가 있습니다. 이에 맞게 재생 배속을 다르게 편집해준다면 아 이들이 영상을 지루해하지 않고 집중하여 볼 수 있습니다.

- **빠르게 보여줘야 하는 단계** 똑같은 작업이 반복되는 경우, 색칠하는 단계 등
- **느리게 보여줘야 하는 단계** 복잡한 종이접기 등

〉〉 핸드폰 애플리케이션을 활용하여 영상 편집하기

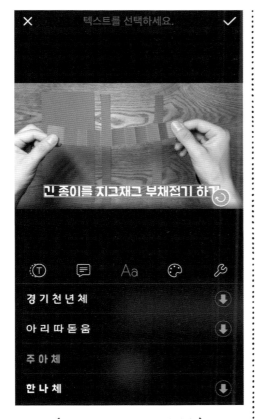

〈 (vivavideo) 앱으로 자막 넣기 〉
무료 저작권을 가지고 있는 다양한 한글 폰트를
사용할 수 있다는 장점이 있습니다.

〈 (splice) 앱으로 자막 넣기 〉
여러 가지의 영상과 사진을 하나의 영상으로
편집할 수 있다는 장점이 있습니다.

- 핸드폰 애플리케이션을 활용하여 영상 편집하기 추천 앱: vivavideo, splice
- 컴퓨터로 영상 편집하기 추천 프로그램: 무비메이커, 어도비 프리미어

》ppt 만들기

아이들이 쉽게 이해하기 어려운 부분, 자세한 설명이 필요한 부분, 주의해야 할 미술 도구가
있는 경우에는 영상과 더불어 추가설명이 필요합니다.

- 영상 정지하여 캡처 사진 활용하기
- ppt로 만들기
- 부분을 크게 확대하여 보여주기

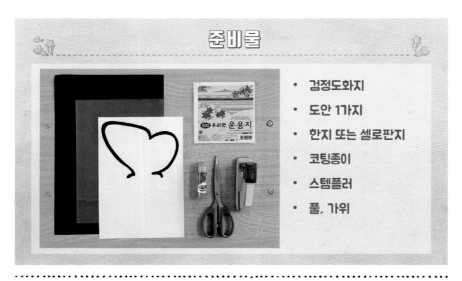

5. 수업에서 영상 활용하기

제작한 영상은 수업을 할 때 단순히 재생하여 보여주는 것을 넘어 언제 어떤 의도로 보여주는가에 따라 효과가 다릅니다. 따라서 영상 활용에 대해 여러 방법을 생각해볼 수 있습니다.

위의 고민에 대한 해결 방법이 될 수 있는 '영상'은 미술 수업에서 아래와 같은 장점을 가집니다.

01 영상 먼저 보여주기

가장 일반적인 수업 방법입니다. 제작한 영상을 보여주고 바로 아이들이 미술 활동을 시작할 수 있다는 장점이 있습니다. 간단한 미술 활동은 별도의 안내 없이 영상만으로도 충분한 설명이 됩니다. 하지만 학생들이 제대로 이해했는지 확인할 필요가 있습니다.

02 활동 안내 후 영상 보여주기

교사가 먼저 말로 어떤 활동을 하는지 설명해주는 방법입니다. 학생들은 교사의 설명을 들으며 머릿속으로 활동 내용을 떠올려보았다가 후에 영상을 보며 모르는 부분에 대해 다시 짚어볼 수 있습니다.

03 영상 두 번 보여주기

일단 영상을 보여준 후 영상에 대한 설명을 하고 다시 영상을 보며 확인하는 방법입니다.

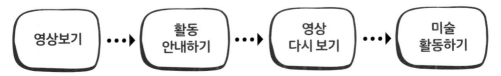

04 영상 정지하고 설명하기

중간중간 영상을 멈추고 부연 설명을 하는 방법입니다. 이때 주의할 점은 영상에 이미 음성 설명이 있을 경우 너무 중언부언이 되지 않도록 적당히 설명해야 합니다.

05 PPT 자료 활용하기

영상의 장면을 간단하게 PPT로 만들어 설명하는 것도 유용한 방법입니다.

06 작품 사진 먼저 보여주기

학생들은 먼저 작품 사진을 보며 그 작품이 어떻게 만들어진 것인지 생각해보고, 영상을 보며 자신의 생각과 비교해볼 수 있습니다.

저자 소개 **윤은미 (거제 상동초등학교 교사)**

초등학교 교사이자 '참쌤의 콘텐츠 스쿨' 멤버로 활동하고 있으며 그림을 통해 여러 그림 교육 자료를 만들고 공유하고 있다. 2017 장애이해교육 애니메이션 'KBS 대한민국 1교시' 제작에 참여했으며 재외동포재단 '2017 한글학교 교사 초청연수'에서 미술을 활용한 한국어 수업 설계 실습 연수를 강의했다. 또한 아이스크림 원격 교육연수원에서 '참쌤스쿨 그림교실, 교사가 최고의 콘텐츠다' 연수 강좌 제작에 참여했으며 현재 아이스크림 미술 수업 'idea 미미교실' 콘텐츠를 연재 중이다.

저서 도서 『교사생활 월령기』(에듀니티, 2017) 삽화 작업

저자 소개 **윤보연 (예봉 초등학교 교사)**

그림 및 영상을 통한 교육자료 개발에 관심이 많아, '참쌤의 콘텐츠 스쿨'에서 각종 교육 자료를 개발하고 공유하는 활동을 하고 있다. '2017 인디스쿨 그림축제'에 참여했으며 초등 아이스크림 원격교육연수원 '참쌤스쿨 그림교실, 교사가 최고의 콘텐츠다' 연수 강좌 제작에 참여했다. 현재는 초등 아이스크림 미술 수업 'idea 미미교실' 콘텐츠를 연재 중이다.

저서 도서 『교사생활 월령기』(에듀니티, 2017) 삽화 작업

저자 소개 **이윤희 (서울 금화초등학교 교사)**

초등학교 교사이자 '참쌤의 콘텐츠 스쿨' 멤버로 그림을 활용한 교육 자료를 나누고 있다. 재외동포재단 '2017 한글학교 교사 초청연수'에서 미술을 활용한 한국어 수업 설계 실습을 강의했으며 초등 아이스크림 원격교육 연수원 '참쌤스쿨 그림교실, 교사가 최고의 콘텐츠다' 연수 강좌 제작에 참여했다. 현재는 초등 아이스크림 미술 수업 'idea 미미교실' 콘텐츠를 연재 중이다.

수상 경력 2016 인터넷윤리 교수·학습지도안 공모대회 장려상 입상
제1회 열린 진로 정보 '잼' 공모전 진로교육 수업 우수사례 우수상 입상

활동명 :

	준비물	
		이외에 내가 추가하고 싶은 재료 :

	제작 순서 및 방법	나의 표현 계획
제작 방법 및 계획	① _____ 주의할 점 :	
	② _____ 주의할 점 :	
	③ _____ 주의할 점 :	
	④ _____ 주의할 점 :	
	⑤ _____ 주의할 점 :	
작품 구상하기		

아이들도
작가가 될 수 있다!
그림 동아리 운영하기

요즘 많은 학교에서 학생들을 대상으로 동아리를 운영하고 있습니다.

이번 차시에서 다루는 미술 동아리와 웹툰 동아리 이야기는

학교에서 동아리를 운영하는 팁과 어떻게 전시회를 개최했는지

여러 가지 사례와 경험을 담았습니다.

그럼 본격적인 동아리 운영 방법을 알아보도록 할까요?

저자는 춘천교육대학교 미술교육과를 나오고 발령받기를 기다리면서 근처 대학교 평생교육원에서 아동미술심리치료를 공부하였습니다. 내담자를 진단하거나 대화하는 프로그램을 익히면서 이 프로그램을 학급 아이들에게 미술 교과와 연결지어 볼 수 없을까 생각하게 되었습니다. 하지만 막연히 바로 진행하는 것보다 먼저 실험해볼 대상이 필요했습니다. 마침 4, 6학년 과학 전담을 하고 있었기에 미술에 관심이 많던 6학년 학생들을 몇 명 모았고 그것이 학생 미술 동아리의 시작입니다.

01 현장 체험학습 다녀오기 1 - 안전 그리고 또 안전

지방은 학생들이 문화적 콘텐츠를 접할 기회가 상대적으로 부족합니다. 그래서 가장 신경을 썼던 부분이 바로 현장 체험학습입니다. 그러나 어느 정도 유명한 작가나 일정 규모 이상의 전시회는 대도시를 가야만 했습니다. 대중교통을 이용하는 것이 안전하고 책임 문제에서도 합리적이지만 이동 시간이 너무 길고 동선을 짜기가 힘들다는 단점이 있습니다. 때문에 토요일 하루만 학생들을 데리고 다녀오는 방법이 좋습니다. 충분히 사전 안전교육을 진행하는 것이 좋으며 학부모님들께 사전 동의는 반드시 받아야 합니다.

02 현장 체험학습 다녀오기 2 - 전시회 고르기

그동안 학생들과 다녀왔던 현장 체험 장소 중에 몇 곳을 소개합니다. 전시회를 선택하실 때는 몇 가지 주의점이 있습니다.

부산 시립 미술관, 대구 시립 미술관, 경남 도립 미술관, 대구 쿠사마 야요이 전, 대구 과학관, 3D펜,
부산 달맞이 고개 갤러리, ART SOUL SPACE, 국립 부산 과학관, 3D 프린터, 김해 클레이 아크 미술관,
부산 코믹 월드, 부산 국제 아트 페어, 대구 아트 페어, 부산 퓰리처 사진전, 부산 감천 문화 마을,
마산 로버트 카파전, 부산 지브리 전, 대구 잉카 쇼니바레 전, 부산 이우환 공간, 마리오 테스티노 전,
디오라마 월드, 부산 반 고흐 라이브 전, 부산 국제 화랑 아트 페어, 부산 비엔날레,
부산 앤디워홀 전, 부산 앤서니 브라운전, 창원 성산 대전, 벡스코 오버워치 페스티벌 등.

〉〉 첫째, 한 개인에 대한 '개인전'은 학생들이 흥미를 잃기가 쉽습니다.

학생들 입장에서는 크게 유명한 작가가 아니라면 유명하지 않은 작품들도 많기 때문에 관심이 쉽게 사라집니다. 또한 교사가 사전 관람을 해야 그 효과가 배가 됩니다. 그러나 교실에서 사전 수업 및 교사의 준비가 철저하다면 학생들이 가장 많이 배울 수 있는 전시입니다.

〉〉 둘째, 쉽게 아트페어를 추천해 드립니다.

아트 페어는 다양한 작가들이 작품을 한 공간에서 팔기 위해 모아둔 전시회장입니다. 그래서 학생들 입장에서 지루하지 않게 다양한 작품을 볼 수 있습니다. 비슷한 전시로는 비엔날레가 있습니다. 보통 장소가 크기 때문에 아이들이 다리 아파하는 모습도 종종 보게 됩니다.

〉〉 셋째, 학생에게 맞춘 다양한 전시회를 가시길 추천합니다.

예를 들면 대구 과학관에서는 3D Doodle Pen 교육 장소가 있어서 평소에 정말 경험하기 힘든 3D Doodle Pen을 경험해 볼 수 있습니다. 애니메이션이나 만화를 좋아하는 학생들에게 부산 코믹월드는 큰 영감을 줄 수 있습니다. 평면 작품뿐만 아니라 입체 작품, 전시회도 학생들에겐 다양한 경험을 줄 수 있습니다.

03 교사가 도슨트 되기 (사전 관람)

현장 체험학습을 다녀올 때 교사가 도슨트가 되어 주는 것이 좋습니다. 큰 전시회에서 도슨

트의 설명을 들어보신 경험이 있으시면 한번 떠올려보실 시간입니다. 대부분의 설명이 형이
상학적이거나 수사들을 섞어서 개념을 설명하기 때문에 어른들도 이해하기가 힘든 경우가
많습니다. '어른의 말'로 도슨트가 이야기할 때 학생들은 매우 힘들어합니다. 이유는 명확합
니다. '아이들의 말'로 설명해주지 않기 때문입니다.

가장 강력하게 추천하는 방법은 현장 체험학습을 다녀오기 1주일 전에 교사가 먼저 답사를
가서 도슨트의 설명을 들어보는 것입니다. 그리고 현장 체험학습 당일 학생들에게 교사가
'아이들의 말'로 도슨트를 해주는 것이 매우 좋습니다.

〉〉 첫째, 학생들이 집중하는 정도가 달라집니다.

일정 순간이 지나면 학생들 스스로 핵심적인 질문을 먼저 하기도 합니다.

〉〉 둘째, 교사에 대한 학생의 신뢰가 올라갑니다.

'우와 우리 선생님은 모르는 것이 없네?'라는 학생들의 신뢰가 쌓여 이후 동아리를 진행할 때
에도 조금 실수하거나 실력이 부족한 부분을 지혜롭게 대처할 수 있습니다.

〉〉 셋째, 교사 자신의 실력이 상승합니다.

한 작가의 개인 전시회는 보통 그 작가의 일생을 담고 있습니다. 그래서 교사 자신도 그 작가
에 대해서 학생들에게 설명해 줄 수 있을 만큼 많이 배우게 됩니다.

04 아크릴 물감과 캔버스, 최고의 매체

미술 동아리, 미술 교육에서 가장 학생들에게 좋다고 생각하는 두 재료가 바로 아크릴 물감
과 캔버스입니다. 먼저 특징을 알아보겠습니다.

아크릴 물감은 굉장히 빠르게 마릅니다. 물을 적게 쓰면 유화 느낌을 낼 수 있고 많이 쓰면 수
채화 느낌으로 그릴 수 있습니다. 건조된 이후에 얼마든지 재수정이 가능합니다. 재료 혼합
이 쉬워서 모래와 섞어도 상관없으며 피그먼트 펜을 이용해서 섬세한 수정을 더해도 됩니다.

이처럼 많은 장점을 가지고 있기 때문에 학생들이 '실패할 확률'을 현저하게 줄여줍니다. 수채화를 겪은 아이들은 수정이 어렵고, 칠했을 때와와 말랐을 때 색감이 다르고, 실패할 확률이 매우 높아 흥미를 잃기 쉽습니다. 다만, 번지기 활동을 하기는 좋습니다.

캔버스는 종이와 다릅니다. 학생들에게 작가가 된 듯한 느낌을 줄 수 있으며 한 시간에 한 장으로 끝내는 것이 아니라 몇 차시에 걸쳐 지속적인 작업을 하더라도 변형이 없습니다. 역시 이런 점으로 인해서 학생들이 '실패할 확률'이 굉장히 낮아집니다.

》 첫째, '성공 경험'을 많이 보장한다는 큰 장점 있습니다.

두 매체는 현재 우리나라 미술 교육에서 가장 중요한 '성공 경험'을 많이 보장한다는 큰 장점 있습니다.

》 둘째, '성실성'을 기를 수 있습니다.

건조 후에 성실하기만 하면 뛰어난 재능을 보이는 아이들보다 얼마든지 훌륭한 작품을 만들 수 있기 때문에 성실성을 기를 수 있습니다.

》 셋째, 보존이 쉽습니다.

종이 작품은 보존이 매우 힘이 듭니다. 집으로 가져가는 도중에 많이 훼손됩니다. 하지만 캔버스 위에서 하는 작품은 칼로 찢거나 습할 때 물건을 올려두지 않는 이상 크게 변형이 오지 않습니다.

》 넷째, 전시하기 좋습니다.

캔버스 뒤에 폼보드를 삼각형으로 잘라 글루건으로 붙여두면 복도에 전시하기가 좋으며 가정에서도 못이나 액자걸이 하나 정도만 있어도 작품을 쉽게 전시할 수 있습니다. 4호(크기) 정도의 캔버스는 A4용지와 크기나 모양이 비슷합니다. 그래서 모작을 하거나 전시를 하기에 부담스럽지 않습니다.

선발은 여러 가지 방법이 있지만 전 자소서를 가장 추천합니다. 동아리를 모집할 학년 선생님께 동아리를 모집함을 알려드린 다음 학생들이 오면 아래 양식을 나누어 줍니다. 인생 첫 자소서를 쓰도록 하면 다양한 이야기를 만날 수 있습니다.

2017. 미술동아리 지원서		
반 / 번호 / 이름	/	/
가장 좋아하는 그림 작가는 누구이며 이유는 무엇인가요?		
가장 좋아하는 그림 작품은 무엇이고 이유는 무엇인가요?	(작품 이름을 잘 모를 땐 쭉 설명하여도 좋습니다.)	
가장 좋아하는 그림 장르와 그 이유는 무엇인가요?	(예 : 일러스트, 만화, 수채화, 한국화, 유화 등등)	
미술학원에 다녀본 경험이 있습니까?	있다	없다
미술 동아리를 지원하게 된 이유와 그림에 대한 자신의 이야기를 적어주세요		

자신의 그림 스타일을 알려줄 수 있도록
자기가 잘 그리거나 좋아하는 그림을 아래에 그려주세요.

06 지원 - 그러나 아직 기대하지 말 것!

초반에는 지원을 받지 못할 확률이 높습니다. 그래서 활동할 때 사용한 재료들을 꾸준히 모아두셔야 활동에서 부담이 적습니다.

〈 매년 조금씩 모여 가는 활동 재료들 〉

3. 학생 미술 전시회 개최하기

1년간의 미술 동아리 활동을 정리하는 전시회입니다. 전시 경험은 이미 어느 정도 있으니 스스로 1년간 작품을 모아 전시하는 것이 학생 미술 전시회 개최의 취지입니다.

전시회 개최 방법은 다음의 링크를 통해 영상으로도 만나볼 수 있습니다. (https://youtu.be/dWd1i8yUsP8)

혼자서 동아리를 운영하기보단 전시회를 열어서 주변에 알리시는 것이 운영에 더 좋은 방법이 됩니다.

〈 2016년, 2017년 미술 동아리 전시회 관련 기사 〉

가야초 미술동아리 2017.02.06~2017.02.09
재미진 소품전 보러 모여라~!!

샘쌤과 함께하는 즐거운 미술교실 5기 올해는 직접 만든 아트샵도 있어요! **전액** 기부합니다!

《 현수막 (인터넷으로 쉽고 싸게 만들 수 있습니다) 》

《 2017년 2월 전시회 모습 》

《 아트샵 수익금 초록우산 재단 기부 》

《 아트샵 》

《 학교 그리기 - 학생 작품 》

《 명화 모작 (아크릴화) - 학생 작품 》

《 자기 캐릭터 그리기 - 학생작품 》

사실 매년 다른 주제로 전시를 진행하는 것은 생각보다 쉽지 않습니다. 하지만 학생들에게 좋은 경험을 준다는 점에서 학생 전시회는 매우 중요한 활동입니다.

〈 함안 교육지원청 갤러리에 전시 〉

〈 작품 뒤에 타카로 줄을 걸어 전시 〉

〈 학교그리기 〉

〈 이젤을 이용한 전시 〉

4. 전문성과 교권, 그 사이

교사가 수업시간에 전문성을 보여주는 것이 첫번째 목표라면 그 외에도 교사 자신의 취미와 특기를 살려 잠재력이 있는 아이들에게 영감을 주고 가능성을 지원하는 것도 교사만 할 수 있는 다른 형태의 전문성입니다. 그리고 그런 열정과 전문성을 보여줄 때 학생들은 교사를 신뢰하고 교권은 향상됩니다.

많은 학부모가 선생님을 옛날 선생님의 기억으로 대하는 경우가 많습니다. 하지만 이런 동아리 운영들이 조금씩 계속될 때 학생들은 교사를 더욱 신뢰할 수 있을 장치가 될 수 있을 것입니다.

제2017-01호

상 장

성명 : 가야초 교사 송 가 람

송가람선생님은 다양한 방법의 수업으로 친구들과 함께 하는 모둠활동을 통해 모든 친구들과 잘 지낼수 있도록 하셨고,경험하지 못한 여러 가지 활동으로 수업시간이 기다려 지게 하셨으며,줄넘기,학예회 등 특히,"송쌤과 함께하는 미술동아리"를 통해 미술전시회 견학 및 많은 체험 활동으로 초등학교 생활에 정말정말 많은 추억을 간직하게 해주신 선생님께 스승의 날을 맞이하여 "참 좋은 선생님 상"을 수여합니다.

선생님은 항상 우리의 참좋은 선생님입니다!! 감사합니다.

2017년 5월 15일

선 생 님 의 첫 제 자 김 나 현

나현

〈 졸업한 학생이 보내준 상장 〉

PART 2

1. 초등학생이 웹툰을?

〉〉 만화는 강력한 전달 도구

학생들은 취학 전부터 다양한 경로로 만화를 접합니다. 글자에 익숙하지 않을수록 만화(그림)의 전달력은 큰 효과를 보여줍니다. 교과서에도 일정 부분 만화를 삽입하여 아이들의 흥미와 전달력을 높이는 이유가 바로 여기에 있습니다.

〉〉 학교의 각종 대회

만화를 좋아하지 않는 학생들도 만화를 마주해야 하는 순간이 있습니다. 학교의 각종 행사에 빠지지 않는 '만화 그리기 대회' 때문입니다. 만화를 좋아하는 학생들도 만화 그리기에는 곤혹을 치르곤 합니다. 어떤 교사들은 그저 종이를 나눠주고, 주제를 던져준 뒤 자신의 업무에 집중하는 오류를 범하는데, 이 경우 만화를 그리는 법을 모르는 학생들은 백지와 마주하다 결국 졸라맨과 장문의 말풍선을 남긴 뒤 만화를 제출하고 말 것입니다.

〉〉 취미&놀이

활동적인 학생들도 있지만 만화를 좋아하고 그림 그리기를 취미로 삼는 학생들도 있습니다. 정규 교과를 통해서는 만화 그리기나 웹툰 제작에 대한 배움의 열망을 충족시킬 수 없기 때문입니다. 천만 웹툰 독자 시대인 요즘, 초등학생 웹툰 독자의 비율도 나날이 증가하고 있습니다. 초등학생들은 웹툰을 소비하지만 자신들이 만들 수 있을 것이란 생각을 하지 못합니다. 이제 학생들도 웹툰 제작 활동을 통해 취미인 웹툰과 만화를 더욱 친숙하고 심도 있게 즐길 수 있습니다.

〉〉 초등학생이 그리는 만화

① 학생들은 즉각적으로 결과물이 나오는 것에 익숙해져 있습니다. 따라서 만화도 자신이 생각하는 스토리를 한 번의 손짓으로 그려내기를 기대합니다. 그러다 보니 그림의 묘사는 생략되고 졸라맨으로 그리는 것을 선호합니다. 또한 스토리를 신속하게 풀어내고 싶어서 만화 한

칸에 수십 줄의 말풍선을 써 넣기도 합니다.

② 학생들이 만화를 그릴 때 주로 쓰는 도구는 연필입니다. 연필로 스케치를 하고 펜선으로 정리하는 것이 아니라 처음부터 연필로 꾹꾹 눌러가며 진하게 그리는데요. 그러다 보면 수업을 하기 어렵고 망치면 좌절하기 쉽습니다. 또한 채색을 어려워하여 단순히 선으로 된 만화를 그려내려고 합니다. 채색까지 된 만화를 그려내기엔 학생들에게 주어지는 시간이 매우 짧다는 문제도 있습니다.

2. 웹툰 동아리 운영 TIP

▶ **01** 학생들의 웹툰 제작 작업 방식 분류

✏ **교사 보조** 교사가 학생에게 스케치를 받아 한편의 완성된 웹툰을 만들어보는 방법. 공모전 준비나 첫 작업 등에 적합합니다.

✏ **개인 작업** 작업 과정을 한 단계씩 학생에게 알려주고 학생 스스로 처음부터 끝까지 만들어보게 하는 방법입니다.

✏ **팀 작업** 학생들끼리 각각 역할 분담을 하여 스토리, 그림, 채색, 편집, 교정 등 일련의 과정을 실제 작가들처럼 한 편의 만화를 완성하는 방법입니다.

웹툰 제작의 3단계

학생들에게 만화를 그리라고 하면 계획성 없이 손이 가는 대로 그리는 경우가 많습니다. 그러나 만화도 글쓰기처럼 전 중 후 3단계를 거치는 것이 좋습니다. 아래의 표를 통해 웹툰 제작의 3단계를 알아보겠습니다.

03 핵심 기술 및 준비물

초등학생은 연필이 친숙한 도구이므로 깔끔한 펜선을 만들거나 채색을 하기가 쉽지 않습니다. 따라서 디지털적인 측면은 교사가 담당하고 초등학생은 자신의 수준에 맞게 연필 스케치로 웹툰을 그리는 방법으로 진행하는 것이 좋습니다.

실제 웹툰에 필요한 액정 태블릿이나 포토샵, 클립 스튜디오 등은 고가의 장비이고 숙련되기까지 오랜 시간이 걸리는 도구들입니다. 초등학생이나 일선 학교의 교사들이 이러한 장비를 갖추고 익히기엔 시간이 오래 걸립니다.

그러나 지금 제시하는 동아리 운영의 준비물은 스마트폰과 컴퓨터 한 대면 만화를 그리는 데 어려움이 없습니다. 웹툰 제작에 사용되는 프로그램 및 사이트는 다음과 같습니다.

1	캠 스캐너 (CamScanner) –무료 앱
2	인공지능 자동채색 사이트 (http://paintschainer.preferred.tech/) –무료 사이트
3	파워포인트 (PPT)
4	사진 병합 사이트 (http://bbom.org/tools/) –무료 사이트

다음은 창의적 체험 활동 시간을 활용한 동아리 운영 혹은 교내 동아리 사업 운영을 할 수 있는 커리큘럼 예시입니다. 이론 설명 후 반복적 실습을 통해 숙달해야 하는 웹툰 제작이므로 2시간 블록타임으로 구성하였습니다. 그러나 상황에 맞게 시간을 탄력적으로 조절하면 좋습니다.

각 주제는 웹툰 제작의 단계에 맞게 나누어 보았습니다. 1주 차~5주 차는 '전 단계'로 커리큘럼에서 가장 긴 단계입니다. 그 이유는 초등학생의 웹툰 제작(뿐만 아니라 모든 웹툰)에서 가장 중요한 것이 그림 그리기보다는 스토리텔링이기 때문입니다.

6주 차~8주 차는 '중 단계'인 그림 연습입니다. 그림 연습은 사실상 전 시간에 걸쳐 진행되기 때문에 시수를 줄였습니다. 그리고 그림 연습은 하루아침에 이루어지는 것이 아니라 학생이 개인 시간을 할애하여 연습해야하기 때문에 과정 외에서 이루어져야 합니다. 마찬가지로 콘티를 만화로 완성하는 것도 교사가 처음부터 끝까지 지도해줄 수는 없습니다. 방법 지도 후 학생이 집에서 개인 과제로 완성해야 합니다.

9주 차~11주 차의 편집 단계에선 스마트폰과 컴퓨터가 필요합니다. 학생들의 디지털 기기 친화 정도에 따라 학습 속도가 차이날 수 있으나 어려운 기능을 사용하지 않으므로 시수 내에 충분히 연습할 수 있고, 완성까지 가능합니다.

마지막 12주 차~13주 차 에서는 교내 공모전을 교사가 실시하거나 각종 대외 공모전에 도전하는 활동을 할 수 있습니다. 또는 계기교육에서 시행하는 교내 대회를 웹툰 제작으로 수행하도록 해도 좋습니다. 학생들은 자유 주제로 웹툰을 만드는 것을 좋아하기도 하지만 주제를 제공하면 더욱 목적의식을 갖고 웹툰을 제작할 것입니다.

순서	주제 및 내용	시간	구분	단계
1주차	살구가 익을 무렵 스토리 완성하기 (+매일매일 그림 그려요)	2시간	글 콘티	전 단계
2주차	희곡 형식 글쓰기로 완성된 스토리 직접 쓰기 (+매일매일 그림 그려요)	2시간	글 콘티	전 단계
3주차	어디로 갔을까 나의 반쪽은 완성하기 (+매일매일 그림 그려요)	2시간	그림 콘티	전 단계
4주차	스승의 날 기념 만화 완성하기 (+매일매일 그림 그려요)	2시간	그림 콘티	전 단계
5주차	졸라맨으로 완성된 만화 완성하기 (+매일매일 그림 그려요)	2시간	그림 콘티	전 단계
6주차	좋아하는 만화 모작하기 (+매일매일 그림 그려요)	2시간	그림 연습	중 단계
7주차	콘티를 만화로 완성하기 Ⅰ	2시간	만화 작업	중 단계
8주차	콘티를 만화로 완성하기 Ⅱ	2시간	만화 작업	중 단계
9주차	캠스캐너로 만화 스캔하기 (+매일매일 그림 그려요)	2시간	편집	후 단계
10주차	페인츠 채이너로 자동 채색하기 (+매일매일 그림 그려요)	2시간	편집	후 단계
11주차	PPT로 말풍선 넣기, 한 파일로 합치기 (+매일매일 그림 그려요)	2시간	편집	후 단계
12주차	교내 자유 공모전 Ⅰ	2시간	웹툰 제작	전 단계
13주차	교내 자유 공모전 Ⅱ	2시간	웹툰 제작	전 단계

01 콘티 짜기

〉〉 콘티의 종류

- 글 콘티
- 그림 콘티

〉〉 글 콘티

- 대본 형식으로 대사와 지문으로 표현합니다.
- 장점: 작성 시간이 빠르며 아이디어 구상의 한계가 없습니다.
- 단점: 내용이 늘어지거나 분량이 많아질 수 있습니다. 만화로 구현할 때 구성하기 어려운 단점이 있습니다.

〉〉 그림 콘티

- 하나의 완성된 스토리를 미리 만화칸에 인쇄해서 나눠주면 편합니다.
- 장점: 만화적 구성을 생각하며 콘티를 짤 수 있습니다.
- 단점: 글보다 시간이 오래 걸립니다. 표현의 한계로 인해 아이디어가 경직될 수 있습니다.

02 글 콘티 훈련법

〉〉 뒷이야기 상상하여 쓰기

예) 6학년 국어 '살구가 익을 무렵'을 읽고 뒷이야기 상상하여 대본 쓰기

〉〉 완성된 이야기 만들기

대본 형식으로 완결이 있는 하나의 이야기를 만듭니다. 창의적인 스토리 제작을 위해 도움되는 방법은 다음과 같습니다.

- 창의적 사고 기법

- 만약~하면 어떻게 될까? 생각하기
- 도서 추천 : '신화 영웅 그리고 시나리오 쓰기'

〉〉 대본 형식

대본 형식으로 콘티를 짜는 이유는 웹툰이 연극처럼 장면마다 동작＋대사로 이루어져 있기 때문입니다.

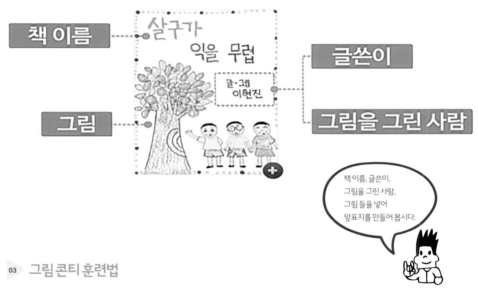

03 그림 콘티 훈련법

〉〉 만화 뒷내용 완성하기

예-1) 3학년 수학 '어디로 갔을까 나의 반쪽은' 만화 뒷내용 완성하기

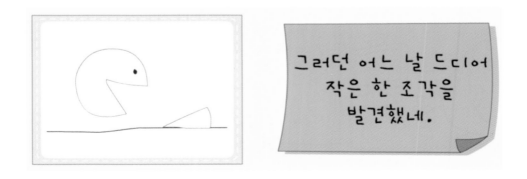

예-2) 참콘스 스승의 날 자료 '선생님이 만약 ~~하다면?' 만화 뒷내용 완성하기

만약 선생님이 학생이된다면?

만약, 선생님에게 초능력이 생긴다면?

만약, 선생님이 TV프로그램에 나온다면?

〉〉 졸라맨으로 완성된 만화 만들기

졸라맨으로 만화를 그려 짜임새 있는 한 편의 만화를 완성합니다. 주의해야 할 점은 다음과 같습니다.

주의하기!
• 한 칸에 너무 많은 대사를 넣는 것

주의하기!
• 인물의 표정이 없는 것
• 동작이 차렷 자세로만 이루어진 것

흔히 만화는 그림이 중요하다고 여기는 사람들이 많습니다. 하지만 만화는 그림 실력보다 스토리의 전달력이 더욱 중요합니다. 그림체가 깔끔하거나 지저분한 것은 작가의 그림 스타일일 뿐이며 전달력만 확실하다면 어떤 방식으로 그려도 좋습니다.

01 그림 연습

〉〉 매일매일 그리기

그림의 어려움을 겪는 학생들은 따라 그리는 방식으로 조금씩 연습을 해 나가면 됩니다. 기초이론부터 가르쳐 주기 어려우니 아이스크림 원격교육연수원에서 제공하는 참쌤스쿨의 '매일매일 따라 그려요'를 제공하여 지도하겠습니다.

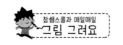 참쌤스쿨과 매일매일 그림 그려요	주제 : 학급자료 그리기 **032. 연필**

학년   반   번   이름 :

※ 순서에 맞게 연필을 따라 그려봅시다.

1. 연필 그리기 (★★★☆☆)

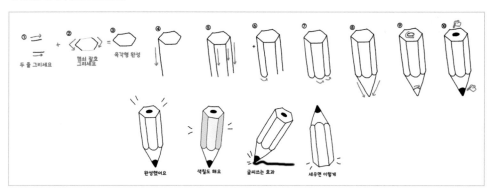

2. 연필 그리기 이렇게 활용해요.

학용품 그리기	보고서 꾸미기	색연필 그리기	수업 시간 자료 만들기

〉〉 따라 그리기

좋아하는 애니메이션의 장면이나 만화책을 베껴 그리면서 연습하는 것도 좋습니다. 단, 반투명 용지에 대고 따라 그리는 트레이싱 방법으로는 실력이 쉽게 늘지 않으니 옆에 두고 보면서 따라 그리게 합니다. 따라 그리는 방법에서 중요한 것은 두 가지입니다. 첫째, 연필은 연하게 그린 다음 진하게 덧그리기. 둘째, 전체를 먼저 연하게 그리고 부분 묘사는 나중에 그리기입니다.

〉〉 교재로 공부하기

그림은 전적으로 학생의 소질과 연습량에 달린 것이므로 교사가 도와줄 수 있는 부분은 당연히 한계가 있습니다. 이론 서적이 많으니 관심 있는 학생들은 참고하여 공부할 수 있도록 합니다.

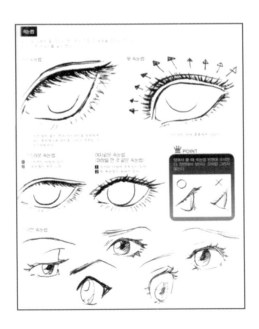

〉〉 만화칸 만들어주기

학생들은 만화를 그릴 때 만화칸을 일정하게 그리는 것에 상당한 스트레스를 받는다고 합니다. 만화칸 그리는 시간을 줄여 학생들이 만화 그리기에 더 집중할 수 있도록 만화칸을 워드프로세서의 '표' 기능을 활용하여 만들어주면 좋습니다. 만화의 연출기법 중에 만화칸의 크기 조절을 통하여 전개에 강약을 주거나 강조를 하는 것이 있습니다. 그러나 웹툰은 가로 스크롤 형태이므로 비교적 만화칸 크기를 동일하게 해도 무리가 없습니다. 따라서 학생들에게 같은 크기의 만화칸을 제공하면 됩니다. 만화칸을 그려줄 때는 칸 사이에 간격을 두는 것이 보기 좋습니다. 그리고 '후' 단계에서 스캔을 할 때 자동으로 만화칸을 인식하므로 네모 칸을 떨어뜨려야 합니다. 보통 한글 워드프로세서로 만들며 A4용지 기준으로 6칸 정도가 들어가도록 만들면 적당합니다.

왼쪽은 학생이 직접 만화칸을 그린 것, 오른쪽은 교사가 만화칸을 만들어준 것이다.

〉〉 대사와 만화를 분리하기

콘티 단계에서 대사를 만들었다면 '중'단계의 만화 그리기에선 대사를 빼고 그림만 그리도록 지도합니다. 그 이유는 '후'단계의 말풍선 넣기 때문인데, 만화를 그릴 때 말풍선이 있으면 따로 지워가며 말풍선을 덧씌워야 하기 때문에 굉장히 번거로워질 수 있습니다. 물론 위에 덮어가며 가릴 수 있지만 그러면 깔끔한 결과물이 나오기 어렵습니다.

〉〉 만화 한 칸엔 1~2개의 말풍선만 넣기

학생들이 그리는 만화의 특징 중 하나는, 뒤로 갈수록 그림이 적어지고 말이 많아진다는 점입니다. 풀어내고 싶은 스토리는 많은데 그림 그리기가 귀찮아서 나타나는 결과입니다. 만화의 핵심은 전달력이므로 만화 한 컷에 말풍선은 많아야 2개 정도로 제한하도록 합니다. 그리고 말풍선에 들어가는 대사의 수도 적당히 조절할 수 있게 지도하면 좋습니다.

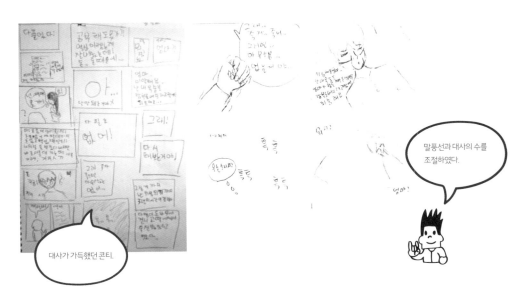

대사가 가득했던 콘티.

말풍선과 대사의 수를 조절하였다.

연필로 그린 학생들의 만화를 컬러 웹툰으로 가독성 좋게 변화시키는 단계입니다. 이를 위해서는 스마트폰과 컴퓨터가 필요합니다. 총 4단계를 통해 만들어지는데 그 과정은 아래와 같습니다.

01 스캔 및 보정 (camscanner)

앱 스토어에서 캠스캐너 검색 후 설치를 합니다. 스캐너의 용도 및 조건은 다음과 같습니다.

• JPG 파일로 저장을 할 수 있다.

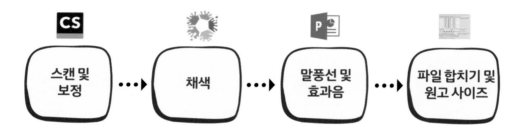

• 자동보정을 통해 선이 깔끔하게 스캔되고 배경이 흰색으로 변한다.
• 네모 칸을 인식하여 사진 각도에 상관없이 그림이 일그러지지 않는다.

스캔을 한 뒤 메일 보내기 등을 통해 컴퓨터로 옮기면 됩니다.

02 인공지능 채색 (palntschalner)

일본의 '체이너'라는 일본의 네트워크 회사에서 개발한 인공지능 딥러닝 프로그램입니다. 웹에 올라온 일러스트를 분석하여 가장 적합하게 채색을 해주는데 인식률이 매우 높습니다. 현재 베타버전으로 무료이며 상업적인 용도 외에 모든 저작 활동에 활용 가능합니다. 학생들과 만드는 활동은 교육용이므로 안심하고 사용해도 됩니다. 인터넷 주소는 http://paintschainer.preferred.tech/이며 검색엔진에서 '자동채색'이라고 검색하면 여러 블로그에서 링크를 걸어놓아 쉽게 찾을 수 있습니다.

인공지능 채색 활용법은 다음과 같습니다.

- set sketch 버튼: 스케치한 그림 파일을 선택한다. 그러면 자동적으로 채색된다.
- Tanpopo / Satuski: 두 종류의 채색 기법이다. 선택한 뒤 colorize 하면 채색 방식이 달라진다. 마음에 드는 방법을 선택하면 된다.
- 색칠하기: 자동채색이 마음에 들지 않으면 원하는 부분에 색을 골라서 점을 찍듯이 그려 넣으면 선택한 색으로 알맞게 색칠된다.

- 완성된 그림에 마우스 우클릭 후 '다른 이름으로 저장'을 하여 저장한다.
- 고해상도로 저장하기는 어렵다. 가로 600px 내외의 사이즈로 저장이 가능하다.

03 말풍선과 효과음 (powerpoint)

보통 웹툰 작가들은 포토샵, 클립스튜디오 등을 사용하여 대사를 넣습니다. 그러나 그런 프로그램은 가격도 비싸고 숙련되기까지 많은 시간과 노력이 필요합니다. 대체 가능한 프로그램 중 학생들에게 익숙한 파워포인트가 있습니다. 파워포인트로 말풍선을 넣는 방법은 다음과 같습니다.

- 삽입-그림 (그림 크기 조절하기)
- 말풍선 넣기: 삽입-도형-설명선-말풍선 모양-도형 스타일 선택
- 텍스트 상자로 대사 입력 / 효과음 입력
- 다른 이름으로 저장 – 파일 형식 (jpg)

웹툰 원고 만들기 (사진합치기 사이트)

각각의 컷으로 저장된 만화를 웹툰 형식의 가로 스크롤 형태로 합치는 일이 남아있습니다. 이 역시 포토샵을 사용하는 것이 일반적이나 학생들이 활용하기엔 무리가 있습니다. 이를 대체하는 사이트나 프로그램은 여러 가지가 있으나 그중 하나를 소개해 보겠습니다. 인터넷 주소는 http://bbom.org/tools/ 입니다.

검색엔진으로 검색하기는 다소 어려우며 주소가 짧으므로 직접 주소창에 입력하여 들어가길 권장합니다. 반드시 뒤에 tools를 붙여야 해당 사이트로 진입이 가능하며 만약 인터넷이 되지 않는 환경이라면 '포토스케이프'라는 프로그램을 추천합니다. 조금 노력하면 '그림판'으로도 가능한 작업입니다.

총 10장의 파일을 합칠 수 있으며, 같은 방식으로 10칸짜리를 모아 100칸 파일을 하나로 합칠 수 있습니다. 액자틀을 통해 만화 테두리를 그릴 수 있고 이미지는 세로로 붙이며 사이즈는 네이버 웹툰 기준 690px 이하로 만들면 됩니다. 이미지 저장 품질은 100%로 하면 됩니다.

요즘 학생들의 인기 장래희망으로 웹툰 작가가 급부상하고 있습니다. 그리고 만화는 학생들에게 친숙한 매체이며 실제 학교에서도 만화를 그릴 기회가 매우 많아졌습니다. 이런 학생들에게 "만화는 그냥 알아서 그리는 것"이라고 말하며 내버려 둔다면 이 역시 배움의 기회를 박탈하는 셈입니다. 교사가 조금만 관심을 두고 노력하면 학생들이 얼마든지 스스로 웹툰을 그릴 수 있고 고가의 장비나 프로그램이 아니더라도 누구나 가지고 있는 스마트폰과 컴퓨터로 충분히 가독성과 전달력이 좋은 만화를 만들 수 있습니다. 게다가 인공지능은 전문가 못지않은 채색까지 손쉽게 할 수 있도록 도와주는 세상입니다.

학생들이 웹툰 동아리 활동을 통해 만화 그리는 재미를 알고, 자기 생각을 글과 그림으로 자유롭게 표현해 볼 수 있기를 소망합니다.

송가람 (함안 가야초등학교 교사)

초등학교 교사이며 '참쌤스쿨' 2기 맴버이다. 미술 수업을 통해서 학생들의 정서, 인지적인 발달을 돕는데 관심이 많아 2014년부터 아동미술 심리 치료사로 활동 중이며 2016년 전국 장애이해교육 애니메이션 '대한민국 1교시' 제작 및 교육부 안전 콘텐츠 제작에도 참여했다. 2017년 현재 아이스크림 원격교육연수원에서 '참쌤스쿨 그림교실, 교사가 최고의 콘텐츠다' 연수 강좌 제작에 참여했다. 앞으로 그림책, 미술 교과서 등 삽화로 쉽게 학습하는 그림책을 만들어 학생들이 미술 수업이 좀 더 즐거울 수 있도록 노력하고 싶다.

저서　　도서 『초등 수업을 살리는 미술 레시피 101』(천재교육, 2017)

정다운 (인천구월초등학교 교사)

구월초등학교 교사이자, '해시브라운' 이라는 필명으로 웹툰 작가 및 삽화가로 활동하고 있다. 네이버 베스트도전 '애니마' 를 연재했으며 교육부에서 진행한 '학교폭력 없는 행복한 새학기' 이모티콘을 제작했다. 2016년부터 '선생님들의 그림축제' 강사로 활동 중이며 KBS '대한민국 1교시' 애니메이션 제작에 참여 중이다. 2017년 현재 EBS 스쿨잼 '일러스트로 초등수업에 날개달기' 연재 중이며, 아이스크림 원격교육연수원에서 '참쌤스쿨 그림교실, 교사가 최고의 콘텐츠다' 연수 강좌 제작에 참여했다. 앞으로 만화로 눈높이를 맞추고, 그림으로 학생들과 소통하는 교육을 실현하고 싶다.

저서　　도서 『초등 수업을 살리는 미술 레시피 101』(천재교육, 2017)
　　　　　도서 『수업 하나만 바꿔보자』(즐거운학교, 2017) 삽화 작업

수상 경력　생명존중 웹툰 교육부 장관상 (2017)
　　　　　중견기업연합 웹툰 공모전 최우수 (2017)
　　　　　교총 바른말 웹툰 공모전 우수 (2016)

PPT와 영상을 활용해요

PPT 하나로
끝내는 교실

PPT는 우리가 흔히 사용하는 Power Point의 약자로

각종 프레젠테이션에서 시각적 보조 도구로 사용하는 소프트웨어입니다.

PPT를 사용하면 효과적으로 정보를 전달할 뿐만 아니라 이해력을 높일 수 있습니다.

이미 PPT의 장점과 시각적 효과는

널리 입증되어 회사 및 각종 발표 현장에서 사용되고 있습니다.

그렇다면 학교 현장에서는 어떨까요?

1. 왜 PPT일까?

01 ▶ 왜 PPT 일까?

이미 많은 선생님들께서 수업 시간에 PPT를 사용해 수업을 진행하고 계실 겁니다. 초등교사 커뮤니티인 '인디스쿨'에서는 선생님들이 수업에 사용하기 위해 제작한 PPT가 수십만 개씩 공유되고 있습니다. 교육용 콘텐츠를 제작하는 초등교사모임 '참쌤스쿨'에서도 PPT를 활용한 교육 콘텐츠를 배포하고 있습니다.

우리는 PPT를 통해 수업의 질을 높일 뿐만 아니라 시각적 효과를 주어 학생들이 수업에 대한 흥미와 집중도를 높일 수 있습니다. 또한 학생들이 교사가 만든 PPT를 수동적으로 보는 것이 아니라 어느 정도의 기능을 습득하고 나면 조별 과제 등을 얼마든지 PPT로 제작하여 수업 시간에 발표할 수 있다는 장점도 있습니다.

PPT가 가지는 큰 장점은 바로 '정보의 가독성'입니다. 글은 텍스트로 자세하게 설명하여 대상의 정보를 구체적으로 제공할 수 있지만, 꼼꼼히 읽지 않는다면 전체적인 정보를 한눈에 파악하기가 어렵습니다. 그러나 PPT는 이미지와 간단한 글만으로도 말하고자 하는 바를 한눈에 담을 수 있습니다.

그렇다면 PPT를 학교에서 시각적으로 접근했을 때의 구체적인 장점은 무엇일까요? 다음은 PPT를 수업에 적용했을 때의 가장 큰 장점입니다.

1	시각적인 사진 자료로 수업에 대한 집중도를 높일 수 있다.
2	사진 자료와 전환 효과 등으로 학생들의 흥미를 높일 수 있다.
3	이미지를 편집하고 효과를 주기가 용이하다.
4	이미지를 활용하여 수업 자료를 만들기 용이하다.
5	동영상 및 소리를 넣기 편하기 때문에 다양한 방식으로 수업을 진행할 수 있다.

2. PPT의 기본 기능 활용하기

PPT에는 글자, 도형, 그래프, 동영상, 음악 등 다양한 미디어 매체를 삽입하여 응용할 수 있습니다. 그만큼 PPT의 기능은 교사가 어떻게 이용하느냐에 따라 그 결과물이 달라진다고 할 수 있습니다. 예를 들어 전환 효과를 넣느냐 안 넣느냐에 따라서도 PPT의 느낌이 달라지며, 색과 글자 폰트를 어떤 것을 쓰느냐에 따라서도 전체적인 느낌이 달라집니다. 이러한 사실은 이미 PPT가 단순히 정보를 전달하는 것에 그치는 것이 아니라 우리에게 시각적으로 얼마나 많은 영향을 미치는지 반증하는 부분입니다.

이번 차시에서는 PPT의 기초 기능뿐만 아니라 알아두면 훨씬 더 유용하게 사용할 수 있는 기능들 위주로 설명하려고 합니다. 아래에서 제시한 기능으로 활용할 수 있는 PPT는 무수히 많으며 여기에서 제시하는 것은 하나의 예이기 때문에 기능을 익혀서 수업과 교실에서 적용하는 것은 교사의 몫일 것입니다.

01 Ctrl + C, V는 그만! Ctrl + D를 이용해 보자!

아마 PPT를 비롯한 다양한 소프트웨어에서 가장 많이 쓰이는 단축키 중 하나는 Ctrl+C, Ctrl+V일 것입니다. 복사하고 붙여넣기 기능을 통해 자료를 제작하는 시간을 단축할 수 있습니다. 하지만 PPT에서 Ctrl+C, Ctrl+V 기능을 사용하면 개체가 오른쪽 대각선 아래로 복사, 붙여넣기가 됩니다.

이런 경우 개체를 하나씩 선택해 다시 정렬을 해야 하기 때문에 불편합니다. 이럴 때 Ctrl+D 기능을 사용하면 개체 정렬까지 자동으로 복제가 되므로 편리하게 사용할 수 있습니다.

① 개체을 선택하고 Ctrl + D를 한다.

이 때 Ctrl + C를 했을 때와 마찬가지로 개체가 오른쪽 아래로 복제된다.

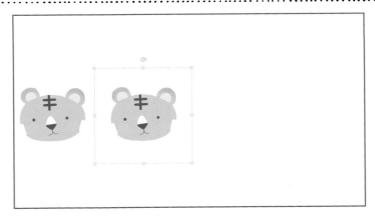

② 복제된 개체를 원하는 위치로 이동한다.

③ 복제된 개체를 선택한 상태에서 Ctrl + D를 누르면 동일한 거리만큼 이동하여 개체가 복제된다.

02 '배경 제거' 기능으로 사진을 깔끔하게

수업에서 학생들의 흥미를 유발하기 위하여 스토리텔링을 활용하는 경우가 있습니다. 이때 학생들의 사진을 적절히 활용하면 효과가 배가됩니다. 하지만 특별히 연출한 사진이 아닌 이상 학생들의 사진을 그냥 사용하면 어색할 때가 있지요. 그래서 그림판이나 포토샵 등 그래픽 프로그램을 이용해 학생들의 얼굴만 따로 떼어 사용하곤 하는데, 그래픽 프로그램을 잘 사용하는 경우 효과적으로 사용할 수 있지만 그렇지 않은 경우 오히려 사진을 망치기도 합니다. 이 때 PPT의 '배경 제거' 기능을 사용하면 서로 다른 사진을 한 화면에 자연스럽게 합성해서 사용할 수 있습니다. '배경 제거' 기능은 사진을 합성할 때뿐만 아니라 미술 수업에서 학생들의 사진을 사용할 때도 활용할 수 있는 기능입니다.

① 사진 불러오기
〔삽입〕 – 〔그림〕 – 원하는 사진을 선택해 사용할 사진을 불러온다.

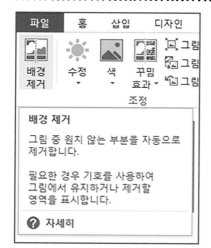

② 배경 제거하기
불러온 사진 더블클릭 – 그림도구 – 〔배경 제거〕
배경 제거 기능을 사용하면 프로그램에서 자동으로 사물과 배경을 구분해 배경을 붉은색으로 지정해준다. 지정된 배경은 투명한 색으로 사라진다.

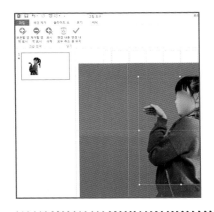

③ 고정점을 이동해 제거할 영역 선택하기

상, 하, 좌, 우, 대각선 방향에 있는 점으로 영역을 확대, 축소해서 제거할 영역을 조정할 수 있다. 이때 제거할 부분이 완벽하게 선택되지 않더라도 조정이 가능하니 어느 정도 배경과 사물이 분리되면 다음 단계로 넘어가도록 한다.

④ 보관할 영역/제거할 영역 지정하기

원하는 영역이 완벽하게 선택되지 않았을 경우 보관할 영역 표시(+), 제거할 영역 표시(-) 기능을 통해 부분적으로 수정할 수 있다. 사물의 일부분이 배경과 함께 제거된 경우 보관할 영역 표시 기능을 선택한 후 남겨두고 싶은 부분을 클릭하면 된다. 반대로 배경의 일부가 제거되지 않은 경우 제거할 영역 표시 기능을 선택한 후 제거할 부분을 클릭하면 된다.

⑤ 완성

 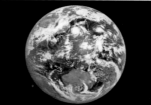 

〈 [배경 제거] 기능을 사용하지 않은 경우 〉

〈 [배경 제거] 기능을 사용한 경우 〉

03 개성을 담은 이름표 만들기

학년 초 전국의 모든 초등학교 선생님들이 새 학년을 준비하며 제작하는 환경 물품 중 하나가 바로 학생들의 이름표입니다. 선생님들 나름의 개성과 취향을 살려 귀엽고 예쁘게 만들기도, 깔끔하게 만들기도 하는데 때로는 귀여운 동물 클립아트를 사용하기도 하고 학생 모양의 아이콘을 사용하기도 합니다. 또한 이미 많은 선생님들이 이름표를 만들어 공유하고 있기 때문에 이것을 내려받아 사용하기도 하지요. 하지만 학생들의 개성을 살려 캐릭터 이름표를 만들어 보는 것은 어떨까요?

① **이름표 배경 만들기**
'삽입 – 도형 – 직사각형'으로 이름표의 배경이 될 직사각형을 삽입한다.
'그리기 도구 – 서식 – 도형 채우기'에서 원하는 색을 채워 넣고 '도형 윤곽선'에서 윤곽선을 없앤다.

② 얼굴 만들기

'삽입 – 도형 – 직사각형'으로 이름표의 얼굴이 될 직사
각형을 삽입한다.
'그리기 도구 – 서식 – 도형 채우기'에서 얼굴색을 채워
넣고 '도형 윤곽선'에서 윤곽선을 없앤다.

③ 머리카락 만들기

'삽입 – 도형 – 타원'으로 머리카락이 될 타원을 넣는다.
이때 타원이 얼굴 밖으로 삐져나와도 괜찮다.

③-1 머리카락 만들기

'삽입 – 도형 – 타원'으로 머리카락이 될 타원을 넣는다.
이 때 타원이 얼굴 밖으로 삐져나와도 괜찮다.

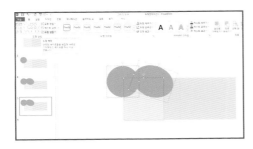

④ 도형 병합하기

얼굴이 될 직사각형, 머리카락이 될 타원을 함께 선택한
'그리기 도구 – 서식 – 도형 병합 – 조각' 기능을 사용
해 도형을 조각낸다.

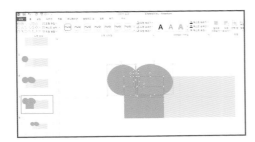

⑤ 도형 정리하기

조각난 도형 중 필요 없는 부분을 지운다. 색이 변경된 경
우 원하는 색으로 다시 채워 넣는다.

⑥ 눈 그리기

'삽입 - 도형 - 타원'으로 눈을 그린다.

'그리기 도구 - 서식 - 도형 채우기'에서 검정색 등 어두운 색을 넣고 '도형 윤곽선'에서 윤곽선을 없앤다.

눈을 선택한 후 Ctrl+드래그해서 복사해 반대쪽 눈도 만들어준다.

⑦ 눈썹 그리기

'삽입 - 도형 - 막힌 원호'로 눈썹을 그린다. 슬라이더를 조정해 눈썹의 모양과 두께를 수정한다.

'그리기 도구 - 서식 - 도형 채우기'에서 눈과 같은 색을 넣고 '도형 윤곽선'에서 윤곽선을 없앤다.

눈썹을 선택한 후 Ctrl+드래그로 복사한 후 반대 도형을 회전해 반대쪽 눈썹도 만들어준다.

⑧ 코 그리기

'삽입 - 도형 - 막힌 원호'로 코를 그린다. 슬라이더를 조정해 코의 모양과 두께를 수정한다.

'그리기 도구 - 서식 - 도형 채우기'에서 피부색보다 조금 더 진한 색을 넣고 '도형 윤곽선'에서 윤곽선을 없앤다.

이 때 코를 얼굴의 가운데에 맞춰 넣는 것이 좋다.

⑨ 입 그리기

'삽입 - 도형 - 원형'으로 입을 그린다. 슬라이더를 조정해 원하는 입 모양을 만들어준다.

'그리기 도구 - 서식 - 도형 채우기'에서 붉은색을 넣고 '도형 윤곽선'에서 윤곽선을 없앤다.

이 때 코와 중심을 맞춰주는 것이 좋다.

⑩ **볼터치 그리기**
'삽입 – 도형 – 타원'으로 볼터치를 그려준다. 볼터치를 그리면 조금 더 완성도 높고 귀여운 캐릭터를 완성할 수 있다.

⑪ **테두리 그리기**
'삽입 – 도형 – 직사각형'으로 이름표 안쪽으로 테두리를 넣어준다.
'그리기 도구 – 서식 – 도형 채우기'에서 도형 채우기 없음을 선택하고 '도형 윤곽선'에서 흰 색을, '도형 윤곽선 – 대시'에서 점선을 선택해준다.

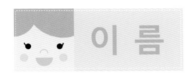

⑫ **이름 쓰기**
'삽입 – 텍스트 상자'에서 이름을 넣어준다.
완성!

위의 예시처럼 학생들의 생김새를 관찰해 앞머리, 눈매 등의 특징을 살리고 자신이 좋아하는 색을 활용하여 학생 개개인의 개성을 담은 이름표를 완성할 수 있습니다.

학생 캐릭터 만들기

'캐릭터 만들기'라고 하면 막연하고 어렵게 느껴지는 선생님들도 있을 것입니다. 특히 손 그림에 자신이 없는 경우 아이들의 모습을 담은 캐릭터를 그리는 것이 쉬운 일은 아닙니다. 하지만 PPT의 직사각형, 원형, 점선 등 기본 도형을 사용하면 학생들의 개성을 살린 귀여운 캐릭터를 만들 수 있습니다. 또 손 그림과는 다르게 수정이 자유롭고 한 번 만들어두면 이름표, 안내판, 칠판 부착물 등 다양한 환경 구성품으로 활용할 수 있다는 장점이 있습니다.

① 얼굴 그리기
'삽입 – 도형 – 타원'으로 얼굴을 그려준다.
Shift 키를 누르며 드래그하면 정원을 만들 수 있다.

② 귀 그리기
'삽입 – 도형 – 타원'으로 작은 원을 그려 귀를 만들어준다. 얼굴 양쪽 아래 2/3지점에 얼굴과 겹치게 놓는다.

③ 뒷머리 그리기
'삽입 – 도형 – 타원'으로 얼굴보다 조금 더 큰 원을 그려 뒷머리를 만든다. 갈색 또는 검정색을 채운 후 도형을 마우스 오른쪽으로 클릭해 '맨 뒤로 보내기'를 클릭해 얼굴보다 뒤쪽으로 보낸다.

④ **머리카락 그리기**

'삽입 - 도형 - 타원'으로 여러 모양의 크고 작은 타원을 그려 머리카락을 그려준다.

일자 앞머리나 삐죽삐죽한 머리의 경우 '삽입 - 도형 - 자유형'을 선택한 후 마우스를 이용해 원하는 모양으로 클릭해 그릴 수 있다.

⑤ **눈 그리기**

'삽입 - 도형 - 타원'으로 눈을 그려준다.

이때 눈 위에 흰색 작은 원을 그려 넣으면 훨씬 생기 있는 눈을 그릴 수 있다.

⑥ **코, 입 그리기**

'삽입 - 도형 - 원호'로 코를,

'삽입 - 도형 - 원형'으로 입을 그린다.

작은 직사각형으로 앞니를 추가해주면 유치원생 혹은 저학년 학생의 모습으로 표현할 수 있다.

⑦ **볼터치 그리기**

'삽입 - 도형 - 타원'으로 볼터치를 그려준다.

완성

예시

기본 캐릭터를 만든 후 머리 스타일을 변경해 새로운 캐릭터를 만들 수 있습니다. 이목구비가 동일하더라도 학생들의 평소 머리 스타일을 반영한다면 충분히 학생들 개개인의 개성을 살릴 수 있습니다. 또한 모자나 안경, 머리핀 등 학생들이 자주 착용하는 작은 소품을 그려 넣는 것도 좋은 방법입니다.

3. PPT로 손쉽게 만드는 뮤직비디오

많은 선생님들이 학생들과의 추억을 위해 또는 재미있는 활동을 위해 뮤직비디오를 제작하곤 합니다. 일반적으로 노래 가사에 맞추어 그림을 그리고 이어 붙이는 방식으로 동영상을 만드는데, 주로 사용하는 프로그램은 윈도우 무비 메이커나 어도비 프리미어 프로입니다.

하지만 윈도우 무비 메이커의 경우 자막을 넣을 때 텍스트 재생 시간을 따로 설정해 주어야 하는 불편함이 있고 사진도 일괄적으로 2초 또는 5초씩 삽입되어 일일이 조정해야 합니다. 또한 어도비 프리미어의 경우 동영상 제작 프로그램에 익숙하지 않은 선생님들은 사용이 어렵다는 단점이 있습니다. 그래서 PPT의 기능 중 '예행연습' 기능과 '동영상으로 저장' 기능을 활용하여 이러한 단점을 보완한 뮤직비디오를 만들어 보겠습니다.

① 그림 불러오기
'삽입 - 그림'으로 한 슬라이드에 한 장씩 불러온다.

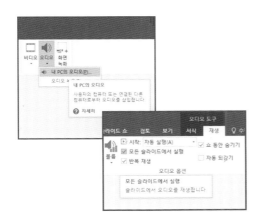

② 음악 삽입하기
맨 첫 번째 슬라이드에 '삽입 - 오디오 - 내 PC의 오디오'로 음악을 삽입한다.
삽입된 오디오를 더블클릭한 후 '오디오 도구 - 재생 - 시작 - 자동 실행'을 선택하고 '모든 슬라이드에서 실행' 체크박스에 체크한다.

③ 전환 효과 설정하기

전환 탭에서 각 슬라이드의 전환 효과를 설정한다. '은은한 효과'에서 '밝기 변화'나 '밀어내기' 등의 전환 효과를 선택하면 깔끔한 화면 전환이 가능하다. '화려한 효과'는 전환 시간이 상대적으로 오래 걸리니 필요한 경우에만 사용하도록 한다.

전환 효과를 선택 후 '모두 적용' 버튼을 클릭하면 동일한 전환 효과가 모든 슬라이드에 적용된다.

④ 예행 연습하기

'슬라이드 쇼 – 예행연습' 기능을 실행한다.

실제 슬라이드 쇼를 하는 것과 같이 화면이 나오는데, 음악에 맞추어 스페이스바 혹은 방향키를 눌러 슬라이드를 전환한다.

예행연습을 마치면 각 슬라이드를 전환한 시간이 '전환' 탭에 자동으로 기록된다.

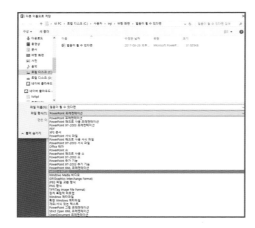

⑤ 동영상으로 저장하기

파일 – 다른 이름으로 저장에서 파일 형식을 'MPEG-4 비디오' 형식으로 저장한다.

얼음이 될 수 있다면

저자소개 **이인지 (서울구일초등학교 교사)**

참쌤의 콘텐츠 스쿨 1기 멤버이자 2016년부터 초등교사 커뮤니티 인디스쿨 미디어 콘텐츠팀 활동 중이다. 주로 파워포인트, 일러스트레이터, 포토샵을 활용하여 학급에 필요한 다양한 교육 자료를 제작하고 있다. 2016년 교육부 현장형 안전교육 콘텐츠 제작에 참여했으며 2017년 아이스크림 원격교육연수원에서 '참쌤스쿨 그림교실, 교사가 최고의 콘텐츠다' 연수 강좌 제작에 참여했다. 특별한 재능을 가진 선생님들만이 아닌 모든 선생님들이 최고의 콘텐츠가 되길 꿈꾸며, 교실에서 필요한 다양한 교육 콘텐츠를 만들어 많은 선생님들에게 도움이 되고 싶다.

저서 　도서『리얼 교실 웹툰 1반 선생님』(천재교육, 2016)

　　　　도서『수업을 살리는 놀이레시피』,『초등 수업을 살리는 미술 레시피 101』(천재교육, 2017)

저자소개 **유철민 (인천신현초등학교 교사)**

참쌤의 콘텐츠 스쿨 1기 대표이자 같이교육(같이하는 교육 가치있는 교육) 교사연구회 대표직을 맡고 있다. 2017년부터는 커넥트 티처 교사로 활동 중이며 이번 아이스크림 원격교육연수원에서 '참쌤스쿨 그림교실, 교사가 최고의 콘텐츠다' 연수 강좌 제작에 참여했다. 언제나 아이들 눈높이에 맞춰 즐거운 말투와 행동으로 소통하며 행동하길 노력하고 있으며, 이미지를 활용한 수업을 통해 학생들과 즐거운 수업 시간 보내기를 실천하고 있다. '한 사람의 열 걸음 보다는 열사람의 한 걸음'이라는 마음가짐으로 모두가 행복한 교실을 꿈꾸며 성장하는 교사이다.

저서 　도서『선생님도 몰래보는 과학대회 노트 비법』(교육과학사, 2016)

　　　　도서『수업을 살리는 놀이레시피』,『초등 수업을 살리는 미술 레시피 101』(천재교육, 2017)

수상 경력 2015 교육부 모니터단 우수 모니터교원 교육부장관상 수상

　　　　　2016 국가인권위 청렴수기대회 우수상

뚝딱! 간단한 영상으로
학급 운영하기

영상은 오디오와 비디오가 결합된 시각 매체입니다. 인쇄 매체보다 신속하고
구체적으로 보여줄 수 있기에 생동감이 있습니다. 또한, 짧은 시간 안에
많은 정보를 담을 수 있어서 교육 현장에서도 유용하게 사용됩니다.
이와 같은 영상자료를 제작하기 위해서 과거에는
전문화된 기술과 장비가 필요했지만 오늘날에는 스마트폰의 발달과 보급으로
영상을 제작하는 과정이 간소화되고 간편해졌습니다.
따라서 교육 현장에서 선생님들도 부담 없이 영상을 만들 수 있습니다.
본 차시에서는 스마트폰을 활용한 간단한 영상을 만드는 방법과
실제로 이것이 교육 현장에서 어떻게 적용될 수 있는지 살펴보겠습니다.

10년 전 영상을 제작하는 방법은 이러했습니다. 지금의 메모리 카드에 영상을 저장하는 방식과 다르게 그 당시에는 DV 6mm 테이프를 구입을 하여 영상을 기록했는데요. 이 테이프는 하나당 60분 정도 촬영할 수 있고 가격은 5천 원 정도였습니다.

〈 DV 6mm 테이프 〉　　　　　　〈 캠코더에 테이프 넣기 〉

수십년 전 영상을 촬영하던 테이프 규격이 VHS입니다. 그 테이프들이 작아지고 작아져서 미니 DV라고 하는 6mm 테이프로 이어지게 되는데, 이 테이프는 사용 시 캠코더에 방향에 맞게 살살 끼워야 하는 주의점이 있습니다.

촬영을 한 후에는 다시 촬영한 파일을 편집하기 위해 컴퓨터로 '캡처'라는 작업을 진행해야 합니다. 캡처는 테이프의 내용을 1배속으로 재생하면서 디지털 파일로 변환시키는 작업입니다. 만약 테이프에 60분을 녹화한다면 캡처를 하는 시간은 60분이 되는 거죠. 60분을 모두 캡처했을 때 영상파일 용량이 13기가 정도였습니다. 당시 최신 컴퓨터 하드디스크 용량이 300기가였던 시대였으니 조금 부담이 되는 용량이었습니다.

영상 편집은 주로 캡처를 하고 난 파일을 가지고 컴퓨터에서 진행했습니다. 당시 영상편집 툴은 포토샵으로 유명한 어도비(Adobe)사의 프리미어 프로였습니다. 이야기 흐름이나 앞뒤 배치와 같은 기본적인 영상 편집을 하는 데 어려움은 없었지만, 항상 화려한 효과나 예쁜 자막을 넣고 싶은데 그러지 못하는 단점이 있었습니다. 마지막에는 편집한 영상을 하나의 파일로 출력해야 합니다. 출력하는 과정을 인코딩이라고 하는데 이 과정도 짧은 영상의 경우는 시간이 많이 소요되지 않지만 긴 영상을 출력할 경우 만만치 않은 시간이 걸렸습니다. 인코딩 과정은 컴퓨터의 성능이 시간을 많이 좌우하는데, 대학 과제용으로만 구입한 셀러론 PC(저렴한 비용으로 출시된 보급형 CPU)에서는 인코딩 시간이 오래 걸렸습니다.

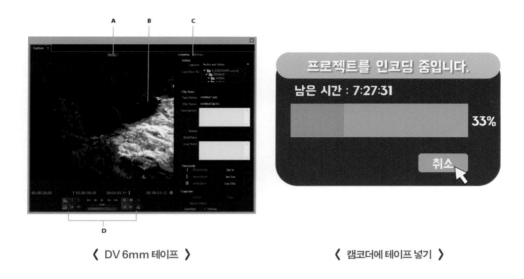

〈 DV 6mm 테이프 〉　　　　　　　　　　　　〈 캠코더에 테이프 넣기 〉

그러나 지금은 스마트폰에서 모든 작업이 가능합니다. 영상 제작의 기본적인 3단계는 기획 – 촬영 및 편집 – 배급입니다. 스마트폰을 사용하면 한 번에 기획과 촬영 및 편집 그리고 배급을 모두 진행할 수 있습니다. 실제로 요즘에는 초등학생들도 영상을 직접 제작하여 편집한 후에 인터넷에 업로드하는 경우를 심심치 않게 볼 수 있습니다. 스마트폰이 가져온 놀라운 변화 중의 하나입니다.

〈 스마트폰으로 영상을 제작할 수 있습니다 〉

〈 영상 제작의 3단계 〉

그러나 우리는 막상 이렇게 영상 만들기 좋은 시대에 도달했지만 큰 필요성을 느끼지 못해 그냥 지나칠 때가 많습니다. 동영상으로 촬영했을 경우에 훨씬 더 현장의 생생함을 전달할 수 있음에도 불구하고 습관처럼 사진으로 촬영하는 경우도 있습니다. 선생님의 학급에서 영상이 필요할 때는 언제인가요? 저는 지금 이 책을 읽고 계신 바로 지금이 선생님 학급에 영상이 필요할 때라고 생각합니다.

〈 스마트폰으로 영상을 제작할 수 있습니다 〉

빠르크 박경인 선생님이 알려드리는 소소한 팁

Q 혹시 영상 촬영하실 때 화면이 많이 흔들리시나요?

A 사진이나 영상 촬영할 때 흔들림 때문에 고민이신 분들이 많을 것입니다. 좋은 방법이 하나 있어서 공유하고자 합니다.

우선 여러분의 촬영 자세를 점검해보셔야 합니다. 두 손으로 촬영기기(스마트폰이나 카메라)를 잡고 팔을 안쪽으로 편안하게 기대는 것이 좋습니다. 이왕이면 팔의 안쪽 넓적한 살 부분이 몸통과 밀착되면 좀 더 안정된 자세로 촬영을 할 수 있습니다.

다음으로 주변의 지형지물을 활용해 안정된 촬영 자세를 생각해 볼 수 있습니다. 필요하다면 벽면에 기대어서 촬영을 할 수 있습니다. 혹은 책상에 팔을 올려놓은 채 할 수 있습니다.

마지막으로 밝은 장소에서 촬영을 하면 흔들림이 덜합니다. 반대로 어두운 장소는 충분한 빛이 확보되지 않아 렌즈 안으로 들어오는 빛의 양이 부족하여 셔터 스피드가 둔해지게 되고 이는 흔들림으로 이어질 가능성이 높습니다. 따라서 어두운 장소보다는 밝은 장소에서 촬영을 권해드립니다.

2 스마트폰은 최고의 촬영도구

스마트폰은 남녀노소 모두가 가지고 있을 만큼 보편화되었습니다. 구글이 발표한 '아시아 태평양 지역 모바일 앱 보고서 2016'에 따르면 한국인은 10명 중 9명이 스마트폰을 사용하는 것으로 나타났습니다. 한국 시장에서 스마트폰 사용률이 91%로 전통적인 데스크톱 PC와 노트북 등의 컴퓨터 사용률 73%보다 더 높게 나타났습니다. 컴퓨터는 없어도 스마트폰은 가진 사람이 많다는 이야기입니다.

이처럼 우리는 스마트폰만 있으면 사진 및 동영상을 쉽게 촬영할 수 있습니다. 특히나 언제 어디서나 들고 다니는 스마트폰의 특성상 간편하고 가볍게 촬영이 가능한 장점이 있습니다. 과거 영상 촬영을 위한 장비들이 들고 다니기에는 다소 무겁고 따로 챙겨야 하는 것들이 많았던 것에 비하면 상당한 변화라고 할 수 있습니다.

스마트폰은 남녀노소 모두가 가지고 있는 최고의 촬영 도구이지만 실제로 이러한 기능을 활용하는 사람들이 많지는 않은 듯합니다. 대다수의 사람이 스마트폰으로 사진 촬영은 하지만 동영상 기능을을 활용하지는 않습니다. 하지만 영상의 장점을 생각한다면 지금 바로 스마트폰으로 영상을 편집하여 학급에 적용하는 것을 생각해 볼 수 있습니다.

1	한국인 10명 중 9명이 스마트폰을 사용함
2	스마트폰의 사진 및 동영상 촬영 기능
3	영상의 장점을 생각하면 스마트폰을 통해 영상을 제작하여 학급에 적용할 수 있음

3. 유튜브 크리에이터를 꿈꾸는 아이들

▶ 01 유튜브 크리에이터란?

유튜브 크리에이터란 유튜브에서 활동하는 개인 업로더들 중에서 자신이 만든 콘텐츠(영상)를 업로드하는 사람을 지칭하는 말입니다. 요즘은 예전보다 더 다양한 장르와 채널이 개설되어 유튜브에 콘텐츠를 올리거나 혹은 생방송을 하고 있습니다. 2016년 한국전파진흥협회 '국내외 산업 동향 MCN 및 기업 실태 조사 보고서'에 따르면 가장 인기 있는 국내의 유튜브 채널은 '캐리앤토이즈'이며 조회 수만 무려 6억 5998만 6356회를 기록하고 수익은 7억 9198만 3627원으로 집계되었습니다. 1억 이상의 수익을 올리는 국내의 유튜브 크리에이터가 최소 25명 이상으로 파악이 되고 있습니다.

▶ 02 무한도전 유느님보다 더 유명한 유튜브 도티님

도티TV라는 유튜브 채널을 운영하는 유튜브 크리에이터 도티는 게임 방송을 콘텐츠로 하고 있습니다. 마인크래프트라고 하는 복셀(2차원적 픽셀을 3차원으로 구현) 스타일의 그래픽 게임을 주요 소재로 방송을 하고 있는데요. 아이들 사이에서는 '마크'로 통용되는 게임입니다. 아이들 게임이겠지 생각하시겠지만, 마이크로소프트사에서 이 게임을 25억 달러 (우리 돈으로 약 2조 5천억)를 들여 인수해서 지금은 대규모 게임이 되어 버렸습니다. 모든 것이 네모난 블록으로 만들어진 세계에서 몬스터들을 피해 집을 짓고 채광을 하거나 농사를 지어 생존하는 간단한 구성입니다. 이 게임이 인기가 있는 이유는 아무래도 높은 자유도일 것입니다. 블록들을 쌓아 유저가 원하는 형태를 쉽게 만들 수 있어 아기자기한 집을 짓고 살거나 웅장한 성이나 빌딩도 지을 수 있고 그림도 그릴 수 있습니다. 다양한 형태의 플레이가 가능하기에 무궁무진한 이야기가 만들어질 수 있습니다.

이러한 마인크래프트 게임을 소재로 방송을 하는 도티 방송의 구독자는 무려 최소 177만 명이 넘습니다. 이 177만 명이라는 숫자는 인천광역시 그리고 대구광역시 다음으로 도티라고 할 만큼 웬만한 광역시 인구보다 더 많은 숫자가 이 방송을 정기구독하고 있습니다. 정기구독이라고 하는 것은 구글 공식 계정을 이용해 유튜브에 로그인한 사람이 정기적으로 방송을 볼 때 사용하는 기능입니다. 로그인 하지 않은 채 보는 사람들의 수를 생각해보면 이 분의 방송은 큰 영향력이 있음을 짐작해볼 수 있습니다. 2016년에 발표된 자료에 따르면 조회 수 4억 693만 7575를 기록한 어마어마한 유튜버입니다.

이외에도 다양한 장르의 유튜브 크리에이터들이 활발하게 활동 중입니다. 요즘 아이들은 TV를 시청하기보다는 자신의 스마트폰을 통해 유튜브 영상을 보는 것을 더 선호합니다. 바로바로 자신들이 보고 싶어 하는 재미있는 것들이 TV보다 유튜브에 더 많기 때문입니다. 그리고 접근 방법도 스마트폰이 와이파이에 연결되어 있으면 데이터에 대한 걱정과 부담 없이 영상을 마음껏 시청할 수 있습니다. 하루에 유튜브 영상을 찾아보는 초등학생들은 몇 명이 될까요? 아마 한 번도 못 본 사람은 간혹 있을지 몰라도 한 번만 본 사람은 없을 것입니다.

도티 방송의 구독자가 최소 177만 명이 넘어감

03 유튜브 채널을 직접 운영하는 아이들

유튜브 방송이 이렇게 아이들에게 큰 인기가 있습니다. 또한 영상을 만드는 방법이 예전에 비해 훨씬 간단해져 어렵지 않게 자신만의 영상을 만들 수 있게 되었습니다. 그래서 아이들 중에는 직접 방송을 찍고 편집하는 아이들이 생겨나기 시작했습니다. 그 중에서 좀 더 많은 사람들에게 보여주고자 유튜브에 올리는 아이들도 심심치 않게 있습니다. 제가 초등학교 4학년 아이들을 지도를 하고 있는데 저희 학급에서만 3명 정도 현재 유튜브에 채널을 개설해서 영상을 올리고 있습니다. 그중 한 명에게 어떻게 영상을 만드는지 물어보았더니 스마트폰 앱을 이용해서 만들고 있다고 대답하였습니다. 언제 어디서나 찍고 편집할 수 있는 장점 때문에 틈틈이 시간 날 때마다 영상을 만들고 있다고 했습니다. 그렇게 만드는 것이 힘들지 않냐고 물어보니 오히려 재미있어서 금방 시간이 간다고 합니다.

영상 내용을 살펴보면 그렇게 대단한 내용은 없습니다. 일상생활 속에서 자기가 관심 있어 하는 것들을 찍어서 올리는데 흥미로운 건 거기에 달린 아이들의 댓글들입니다. 서로 칭찬하고 격려하는 내용들이 많았습니다. 좋은 댓글 하나만 봐도 창작 의욕이 생겨나는데 이 아이의 채널에 달려있는 격려의 댓글은 더욱 자신감이 생기게 하는 원동력입니다. 서로 격려하고 칭찬하는 문화를 아이들이 만들어 가고 있었습니다. 영상을 소재로 아이들끼리 서로 소통하는 모습이 우리 때와는 다른 문화라는 것을 알 수 있습니다.

실제 저희반 학생 유튜브 채널입니다.

빠르크 박경인 선생님이 알려드리는 소소한 팁

Q 유튜브 크리에이터를 꿈꾸는 학생들을 어떻게 바라봐야 할까요?

A 요즘 초등학생들이 생각하는 선호하는 직업 목록에 유튜브 크리에이터가 올라옵니다. 자신이 좋아하는 일을 하면서 돈도 잘 벌 수 있는 직업으로 생각하고 있습니다. 예전 프로게이머 열풍이 있었던 때를 떠올리게 합니다. 하지만 화려해 보이는 겉모습과 달리 엄청난 수입을 벌어들이는 유튜버들은 소수에 불과합니다. 누구나 크리에이터가 될 수 있지만 모두가 성공하는 것은 아닙니다. 이와 관련해 유명 유튜브 크리에이터 '도티'의 조언은 선생님들께서 생각해볼 만한 부분이 있습니다.

2013년 '도티'라는 별칭으로 게임 방송을 시작한 이 분은 30세의 남자입니다. 평범한 법대생이었는데 군대에서 자신의 진로를 많이 고민했다고 합니다. 군 시절 TV가 유일한 즐거움이었던 '도티'는 '제대하면 재미있는 콘텐츠를 만들어 사람들을 즐겁게 해줘야겠다'라는 생각에 제대 후 방송사 PD를 준비하기 시작했고, 취업을 준비하면서 유튜브 채널 구독자 1,000명이면 입사 지원서에 적을 거 하나 생기겠다는 생각으로 방송을 시작했다고 합니다.

유튜브 크리에이터는 콘텐츠의 기획, 제작, 유통까지 모든 작업을 한 사람 혼자서 해내야 합니다. 이 과정에서 '도티'는 어렸을 때부터 쌓은 경험들이 큰 도움이 되었다고 합니다. 어릴 때부터 게임을 굉장히 좋아했고 고등학교 시험 기간이 끝나면 부모님 허락을 받아 PC방에서 밤을 새우고 대학생 때는 등록금보다 PC방에 쏟은 비용이 더 많았다고 합니다. 특별히 대학생 때는 김연아 선수의 팬이 되었는데 김연아 선수의 경기 영상을 모으고 편집을 하면서 영상편집 프로그램에 대해 공부할 수 있었습니다. 어렸을 때부터 게임을 좋아하고 즐겨 했으니 게임 콘텐츠를 선택한 것도 자연스러운 선택이었겠지요.

도티는 좋은 콘텐츠 크리에이터가 되기 위한 자질로 3가지를 이야기합니다. 첫째는 본인의 콘텐츠에 대한 애정, 둘째는 지속해서 영상을 올리는 성실함, 셋째는 다른 사람의 시간을 책임진다는 사명감입니다. "단순히 자기 콘텐츠에 대한 설렘 없이 조회 수가 돈으로만 보이는 사람은 장사꾼에 불과하다. 20분의 영상을 100명이 봐도 누군가의 2,000분을 책임지는 것이기에 사명감도 가져야 합니다."라고 인터뷰에서 밝힌 적이 있습니다.

많은 직업들이 사라지고 또 생겨나고 있습니다. 우리가 지도하는 아이들도 성인이 되고 직업을 가질 때가 되면 지금 생각하지 못했던 새로운 직업을 선택하는 경우도 있을 것입니다. 하지만 좋은 콘텐츠 크리에이터의 자질로 '애정, 성실성, 사명감'을 강조한 도티의 사례처럼 시대가 지나도 통용되는 가장 기본적인 가치에 대해서 강조하고 지도한다면 최선의 진로 지도가 되지 않을까 생각합니다.

이렇듯 영상의 장점은 크게 4가지로 생각해 볼 수 있습니다.

4. 영상의 장점 4가지

① 흥미성이 높다.

② 영상 제작 진입 장벽이 낮아져 접근성이 좋다.

③ 공유가 쉬워졌다는 점에서 확산성이 크다.

④ 영상과 콘텐츠가 만나서 무궁무진하게 활용될 수 있기에 활용성이 크다.

〈 영상의 장점 4가지-흥미성, 접근성, 확산성, 활용성 〉

>> 흥미성 : 영상은 재미있습니다.

지금은 이미지의 시대입니다. 아이들은 읽기보다 보는 것을 더 선호하고 이해하기보다는 직관적인 것을 더 선호합니다. 한 번은 수업연구대회에 나가본 적이 있었습니다. 그때 수업을 공개한 과목이 수학이었습니다. 어떤 자료를 동기 유발 자료로 활용할까 고민하다가 교과서에 나오는 이야기를 아이들과 함께 역할극 UCC로 찍었습니다. 급하게 준비한 영상이라 그렇게 퀄리티가 있지는 않았습니다. 그런데 뜻밖에도 아이들의 반응이 너무 좋았습니다. 공개수업이 끝나고 며칠이 지난 후에도 보여 달라고 하고 또 보여 달라고 하고 나중에는 손 편지에 그 영상이 정말 재미있었다는 내용을 적은 친구들도 있었습니다. 자기랑 같이 생활하는 친구들이 나오니까 세상에서 하나밖에 없는 콘텐츠가 된 셈입니다.

유튜브에 이런 저런 영상들을 업로드 하지만 조회 수가 가장 높은 영상들은 다 아이들이 나오는 영상들입니다. 최근에 가장 조회 수가 높은 영상도 학교 운동회 고학년들이 이어달리기를 하는 영상인데 조회수가 2천 회가 넘었습니다. 4,5,6학년 합치면 3백 명쯤 되는데 이 친구들이 7번은 계속 봐야 나오는 조회 수이죠. 선생님들도 아시다시피 아이들은 반복해서 뭔가를 꾸준히 한다는 것은 정말 큰 노력이 들어가는 어려운 일입니다. 그런데 아이들이 직접 출연한 영상 한 개 만들어서 올렸더니 그걸 자기들이 찾아보고 나눠보고 자발적인 학습을 하고 있었습니다. 흥미성이 높다는 점은 영상이 가지고 있는 큰 장점입니다.

〉〉접근성 : 영상 만들기가 제일 쉬웠어요.

쉬워진
제작방법

영상을 촬영하고 편집하고 만드는 방법이 예전에 비해서 간단해졌습니다. 그래서 요즘 영상 편집과 함께 떠오르는 프로그램이 바로 마이크로소프트사의 무비메이커 입니다. 또 다른 프로그램으로는 파워디렉터, 베가스, 프리미어 등의 영상 편집 프로그램도 있는데요. 아마 대학시절 과제 발표나 현장에서 아이들 사진이나 영상 만드실 때 한 번쯤 사용해 보셨을 거라 생각됩니다. 제가 언급한 프로그램은 모두 다 pc를 기반으로 한 프로그램입니다. 컴퓨터가 없으면 일반인이 영상 편집을 하는 것은 불가능한 시대가 불과 10년 전이었습니다. 그러나 요즘은 스마트폰으로도 영상 편집이 가능합니다. 아이무비, 비바비디오, 퀵, 키네틱마스터 등 다양한 스마트폰 영상 편집 앱이 있습니다. 이런 앱들은 직관적으로 구성되어 있습니다. 조금만 관심을 갖고 이리저리 만져보면 짧은 시간 안에 사용 방법을 익힐 수 있습니다.

빠르크 박경인 선생님이 알려드리는 소소한 팁

Q 영상 편집 앱을 추천해 주세요

A 영상 편집 앱은 매우 다양하게 있으며 제공하는 기능도 대부분 유사합니다. 그래도 저는
안드로이드와 iOS운영체제에서 모두 구동이 가능한 비바비디오 앱을 추천합니다.

VivaVideo - 무료 다운 동영상 편집
& 카메라
♥ QuVideo Inc.   동영상 플레이어/편집기   ★★★★♪ 7,849,539 ▲

광고 포함 · 인앱 구매 제공
✖ 이 앱과 호환되는 기기가 없습니다

스마트폰 편집앱
비바비디오를 추천합니다

비바비디오는 애플의 앱스토어와 구글의 구글플레이에서 무료로 다운받으실 수 있습니다.
한글로 '비바비디오'로 검색하시거나 영어로 'viva video'로 검색하시면 간편하게 다운받으
실 수 있습니다. 다만 다운은 무료로 받되 주요 기능의 경우 앱 내부에서 결제를 별도로 하셔
야 합니다. 가령 5분 이상의 영상을 편집한다거나 HD급의 고화질 영상으로 출력을 하거나
영상 하단에 워터마크 표시를 지우고 싶으시다면 결제를 하셔야 합니다.

비바비디오는 직관적인 인터페이스가 눈에 띄어 큰 어려움 없이 사용하실 수 있습니다. 주요
기능들을 살펴보면 우선 '편집' 아이콘을 눌러보면 폴더별로 스마트폰에 저장된 영상이 등장
합니다. 편집은 동영상 파일을 불러와 편집할 수 있습니다. '슬라이드쇼'는 사진을 편집해서
영상으로 제작할 수 있습니다. 사진만으로 구성된 발표 자료나 뮤직비디오를 만들 때 유용하
게 사용할 수 있습니다.

또한 비바비디오에서는 윈도우 무비메이커에서 지원되는 동영상 마법사처럼 타이틀이란 이
름으로 같은 기능을 제공하고 있습니다. 비바비디오는 감각적인 타이틀을 간단하게 다운받
고 터치하여 적용할 수 있습니다. 미리보기 화면에서 타이틀이 적용된 영상을 직접 확인할
수 있습니다. 이 기능을 통해서 영상 편집을 어렵지 않게 전문가가 만든 것과 같은 효과도 연

출할 수 있습니다.

무엇보다도 비바비디오는 테마, 필터, 폰트, 스티커, 특수효과, 전환효과 등의 자료가 계속 업데이트 되어 사용자에게 제공되는 장점이 있습니다. 기본적으로 제공되는 자료도 좋은 자료이지만 시기별로 괜찮은 자료들을 제공하여 좋은 장점이 있습니다. 터치만 하면 쉽게 다운로드 받고 자동으로 설치가 됩니다. 그래서 일반 사용자들도 쉽게 멋진 동영상을 제작할 수 있습니다.

〉〉확산성 : 영상 공유가 쉬워졌습니다.

혹시 학급 밴드나 SNS를 활용하시는 선생님이 계신가요? 하다못해 카톡으로 학부모님과 소통하시는 분들도 많을 것으로 생각합니다. 요즘은 URL만 있으면 선생님이 만든 영상을 누구나 쉽게 볼 수 있습니다. 혹 이런 우려를 하시는 분들도 있습니다. 우리 아이들과 찍은 사진인데 아이들 얼굴이 외부에 노출되고 그러다 보면 민원이 들어오지 않을까? 이런 부분이 우려된다면 미등록 상태로 유튜브에 올리면 됩니다. 미등록 상태로 등록을 하게 되면 링크 주소가 있는 사람만 그 영상을 볼 수 있습니다. 유튜브에서 아무리 검색을 해도 나오지 않습니다. 이렇게 미등록된 영상 주소를 밴드나 SNS에 올려서 함께 보면 사진보다 더 현장의 생생함을 느낄 수 있습니다. 또한 학부모님들도 아이들도 좋아합니다.

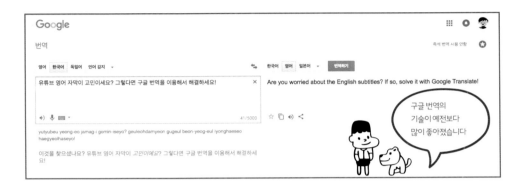

사진을 찍다 보면 아이들 중에서 이상하게 누락되는 아이들이 있습니다. 막상 사진 올리려고 살펴보면 그 아이를 찍은 사진이 없거나 혹은 잘려있거나 하는 경험들이 있으실 겁니다. 고의로 한 것이 아닌데 안타까운 마음이 들기도 합니다. 하지만 영상은 카메라만 쓰윽 돌리면 되니까 이런 점에서 조금 자유롭습니다. 물론 선생님이 발품을 좀 팔면서 부지런히 촬영을 해주시면 더 좋습니다.

공유가 쉽다는 점은 우리 학급 구성원들에게 뿐만 아니라 전 세계로 퍼져 나갈 수 있다는 것입니다. 최근에 인터넷 번역 기술이 이전과 다르게 좋아졌습니다. 1년 전만 해도 백조를 영어로 번역하면 100 트릴리언이 떴습니다. 단어 하나하나 직역하다 보니 정말 웃긴 번역들이 많았습니다. 그런데 요즘 번역을 돌려보면 과거와 다르게 번역 기술이 정말 좋아졌다는 것을 느낍니다. 오히려 지금의 영어 교육을 다시 심각하게 고민해 볼 정도입니다. 이 얘기인즉 슨 언어의 장벽이 허물어졌다는 뜻입니다. 이는 영상을 활용한 수업 설계에서도 다양한 것을 시도해 볼 수 있음을 시사합니다. 가령 유튜브에 우리 문화를 소개하는 영상을 아이들이 찍고 인터넷 공간에 올려 다른 세계 사람들에게 보여주려고 한다면 언어가 통하지 않아도 인터넷 번역 사이트에서 통역을 해결해줍니다. 사용자가 유튜브에 업로드한 동영상에 한글 자막을 수동으로 입력한 후에 영어로 자동 번역 버튼만 누르면 쉽게 번역되기 때문입니다. 이렇듯 이제는 전 세계 사람들이 우리 학급에서 아이들이 만든 영상을 볼 수 있습니다. 지구 반대편에 있는 브라질과 아르헨티나 사람들도 검색어만 치면 우리 학급의 영상을 볼 수 있는 것이지요. 우리 학급이 전 세계에 공개되는 시대, 공유되고 연결되는 시대입니다

〉〉활용성 : 영상은 무궁무진 합니다.

〈 활용성 : 선생님의 콘텐츠와 영상이 만나면 다양한 모습이 나옵니다 〉

영상은 선생님에게 날개가 되어 줄 수 있습니다. 각각의 선생님에게는 모두 저마다의 콘텐츠가 있지요. 누구는 그것을 노하우라고 부르기도 합니다. 선생님이 남들보다 더 좋아하고 더 흥미가 있고 많은 경험을 통해 나눌 수 있는 이야기들 말입니다. 영상은 그런 선생님들의 이야기에 날개를 달아주는 역할을 합니다.

학급에서 영상을 다양하게 활용할 수 있습니다. 아이들이 좋아하는 모습이 가득 담긴 현장체험학습 사진, 긴장하는 모습이 역력한 3월 첫날의 모습, 점점 성장해가는 아이들의 모습을 기록할 수 있습니다. 아이들이 성장하는 모습이 담긴 영상은 그 자체만으로도 큰 선물입니다. 또 주제가 있는 영상을 촬영할 수 있습니다. 학교폭력 예방, 안전사고 예방, 계기 교육, 학교 인성주간 등 다양하게 활용 가능한 영상을 촬영하고 나눌 수 있습니다.

이렇게 영상 공모전 대회에 도전해보고 함께 연습하는 과정을 통해 아이들끼리 정을 쌓기도 합니다. 아이들에게 가장 중요한 부분이 소속감, 자아효능감이지요. '내가 어디에 소속되어 있구나.', '이 친구들에게 도움이 되는 사람이구나.', '내가 우리 반을 위해서 한 번 잘 해봐야지' 하는 마음이 생깁니다. 단순히 영상을 만드는 것을 떠나 아이들 사이의 유대감을 증진하기 위해서도 영상이 필요한 것입니다.

학습을 위한 영상도 만들 수 있습니다. 거꾸로 교실과 같이 선생님이 직접 영상을 제작하여 아이들에게 미리 보여주고 활동을 하는 형태가 있을 수도 있고, 수학 익힘책 풀어주는 선생님처럼 학생들이 자발적으로 학습할 수 있는 보조 자료로 영상을 제작할 수도 있습니다. 이처럼 사람과 사람을 이어주는 하나의 도구로써 영상을 활용할 수 있습니다.

부록

스마트폰 촬영에 유용한 도구

〈 스마트폰 삼각대용 거치대 〉

삼각대

스마트폰 촬영에서 가장 중요한 것은 무엇일까요? 바로 스마트폰이 흔들리지 않아야 한다는 것입니다. 스마트폰은 작고 가볍습니다. 일반 DSLR 이나 캠코더에 비하여 가볍기 때문에 흔들리기가 아주 쉽습니다. 그래서 학생들이 찍은 영상을 보면 매우 흔들리는 경향이 있지요. 초점이나 노출의 경우는 스마트폰이 알아서 조절을 해주기 때문에 초점이 안 맞거나 너무 어둡거나 밝은 경우가 드문데 이 흔들림 문제는 쉽게 잡을 수 없습니다.

그래서 스마트폰 촬영을 위해 최소한 아래와 같은 도구를 구입하기를 권장합니다. 첫 번째 사진은 스마트폰용 삼각대인데 스마트폰을 흔들리지 않게 촬영할 수 있도록 도와줍니다. 그 다음 사진은 삼각대에 끼울 수 있는 간단한 거치대입니다. 기존의 삼각대를 이용하여 사용하기에 편합니다.

삼각대에 스마트폰을 끼워두고 촬영을 하면 흔들리지 않는 영상을 얻을 수 있습니다. 이러한 삼각대를 사용하지 못할 때에는 스마트폰을 잡은 손의 팔꿈치를 몸에 밀착시켜서 최대한 흔들리지 않게 합니다. 그리고 몸에 많은 움직임을 주지 않고 자신의 몸이 삼각대가 된 것처럼 움직이면 삼각대를 사용한 효과를 느낄 수 있습니다.

삼각대에 거치대를 착용한 모습입니다.

스마트폰 미러링 기기

실과, 미술, 국어 교과서에는 UCC를 제작하거나 공익 광고를 제작하는 등의 단원이 있습니다. 주로 스마트폰으로 촬영하고 스마트폰 애플리케이션이나 컴퓨터로 옮겨서 제작을 하게 됩니다. 스마트폰 앱을 이용한 편집에 있어서는 학생들에게 지도하기가 쉽지 않습니다. 편집하는 과정을 일일이 보여줘야 할 필요가 있는데 컴퓨터와 호환이 안 되는 동영상 편집 어플리케이션을 이용할 때 필요한 도구가 바로 스마트 미러링이라는 도구입니다.

스마트 미러링 도구는 보통 학교에서 스마트폰 편집을 보여주기 위해서 필요한 도구입니다. 스마트폰 화면을 컴퓨터에 1대1로 복사해서 보여주기 때문에 선생님이 동영상을 편집하는 시범을 보여주면 학생들이 편집하는 화면을 보고 그대로 따라서 편집할 수 있습니다. 교사가 스토리 라인을 짜 주고 동영상 편집 앱으로 편집하는 모습을 시연하여 보여주면 학생들은 이를 보고 모둠의 영상을 만들어 와서 카카오톡이나 학급 밴드로 쉽게 전송할 수 있습니다.

그리고 학생들이 카카오톡이나 밴드로 전송해 준 영상을 스마트폰에서 재생하면 곧바로 만든 영상을 함께 교실 TV로 보는 것도 가능합니다. 가장 유명한 모델은 SKT에서 만든 스마트미러링이라는 도구입니다. 전원선을 연결하고 TV에 HDMI선을 이용해 연결시키면 무선으로 스마트폰 화면을 TV로 연결하여 볼 수 있습니다.

스마트 미러링 기기입니다.

정재성 선생님의 추천 애플리케이션 - QUIK

스마트폰 촬영으로 영화처럼 스토리 있는 영상을 만들기도 좋지만 학교에서 교사로 지내다 보면, 으레 아이들의 활동 후기 영상을 만들게 됩니다. 학예회 후기 영상이나 소풍, 알뜰 시장, 캠페인 활동 등을 짧은 시간에 요약하여 보여줄 수 있는, 그리고 편집은 쉬운 프로그램이 필요할 때가 많습니다.

이러한 작업에 딱 알맞은 프로그램이 있습니다. 바로 QUIK이라는 프로그램입니다. 고프로라는 영상장비 제작회사에서 자체적으로 개발한 프로그램이지만 장비를 구입하지 않은 일반인에게 모두 공개로 풀려있는 프로그램입니다. 모두 무료이며 워터마크도 제거할 수 있고 원하는 음악을 넣거나 필요한 효과 및 탬플릿이 많기 때문에 모두 적절하게 사용하기에 편리합니다.

이 프로그램의 장점이나 단점은 자동편집 프로그램이라는 것입니다. 단지 사용할 사진 및 영상만 고르기만 하면 이 프로그램이 알아서 편집을 해 줍니다. 그 외에 사용자가 할 수 있는 일은 사용되는 음악을 바꾼다거나 전체 길이를 조정한다거나, 색감을 조정하는 등의 대략적인 기능만 사용할 수 있게 됩니다. 따라서 이 애플리케이션은 행사 이후 후기 영상을 제작하는 데는 효과적일지 모르나 스토리가 있는 UCC나 학급 영화를 제작하기에는 어려울 수 있습니다. 하지만 소풍에서 돌아오는 버스 안에서 그날 찍은 사진으로 있었던 활동을 5분 안에 멋진 효과와 함께 정리할 수 있다는 큰 장점이 있습니다.

학교에서 행사 이후에 활동을 돌이켜보는 영상을 제작하기를 요청하거나 학급에서의 1년 활동을 마무리하며 회상해보는 활동을 할 때 짧게 2~3분 정도의 영상을 만들기에는 더없이 좋은 프로그램입니다. 사용방법을 설명한 영상은 유튜브에서 "quick 그림 축제 강연 영상"을 검색하거나 주소에 https://youtu.be/IBJXTgSI9IA 를 써 넣으면 됩니다.

● 5. 학교 영상 제작 및 운영하기

다음은 학교 영상 제작의 기본적인 흐름도라고 할 수 있습니다. 먼저 오디션 및 개인정보 활용 서약서, 초상사용 동의서를 작성합니다. 그 다음 개략적인 영상 제작에 관한 학습을 진행합니다. 촬영 시에 주의해야 할 점을 알려주는 활동으로 약 2시간 정도 소요됩니다. 그다음 영상 제작 단계가 이루어지는데 보통 촬영 전, 촬영, 촬영 후 단계로 이루어집니다. 영상 제작 이후에는 유통 단계로 만들어진 영상을 공유하거나 공모전에 제출하고 최종적으로 교내 영상제를 하는 활동으로 마무리됩니다.

오디션 및 개인정보 활용 서약서, 초상권 사용 동의서 작성 ●●●▶ 영상 제작 학습 ●●●▶ 영상 제작 전/중/후 ●●●▶ 유통

01 오디션 및 개인정보 활용 동의서, 초상권 사용 동의서 작성

일단 영상 제작반(동아리)을 운영하기 전에 간단한 오디션을 볼 필요가 있습니다. 어떤 아이들은 호기심으로 들어와 카메라 앞에서 웃거나 연기조차 제대로 해내지 못하기도 합니다. 따라서 카메라를 설치해 두고 간단한 대본이 주어졌을 때 연기를 무사히 해낼 수 있는지 가려내는 것이 필요합니다. 연기를 잘하고 못하고를 평가하는 것 보다 이 아이가 진지하게 연기에

임하는지, 제대로 동아리 활동을 할 수 있는지를 판단하는 것이 중요합니다. 연기를 잘하지 못하더라도 영상 프로그램을 다룰 줄 알거나 카메라를 잘 다루는 아이라면 가입시킬 수 있도록 합니다.

또한 초상권 활용 동의서 및 개인정보수집 이용 동의서를 받을 필요가 있습니다. 영상에는 아이들이 출연합니다. 그리고 제작된 영상은 모든 공모전 및 유튜브를 통하여 퍼져 나가고 공개되어 많은 아이들이 연기를 보게 됩니다. 따라서 사전에 영상에 등장하는 초상권 사용권 및 공모전 공모에 필요한 개인 정보사용 동의서를 미리 받아야 학생이 자유롭게 동아리 활동에 참여할 수 있습니다.

〔 개인정보 수집 / 이용 동의 〕

1. 개인정보의 수집 / 이용목적

- 영상 동아리 활동에 이용
- 공모전 참여시 참여자 제출 자료로 이용

2. 수집 개인정보항목 : 이름, 주민등록번호, 학년반, 집전화, 보호자 휴대전화

3. 개인정보 보유 및 이용기간 : 2014. 12. 1 ~ 2016. 2. 28(15개월)

　　본인은 상기 내용을 읽고 충분히 숙지하였으며, 자녀의 개인정보 수집 및 이용에 대하여 동의합니다.

2014년　　월　　일　　보호자(법정대리인) :　　　　　　　　(인/서명)

〔 학생 초상권 수집 / 이용 부모 동의서 〕

1. 초상권 수집 / 이용목적

- 영상 공모전 출품 및 인터넷(Youtube, Naver 블로그) 업로드
- 영상 제작 시 영상 화면에 나온 학생들의 초상권은 학교에 위임되어 각종 공모전 출품에 이용됨.
- 공모전에 당선 될 경우, 영상의 사용 권리는 공모전 주최측에 넘어가게 되어 지속적으로 사용됨.

2. 초상권 사용 형대 : 영상매체(영화, UCC 등)

3. 초상권 사용료 : 없음

4. 초상권 이용 기간 : 2014. 12. 1 ~ 2016. 2. 28(15개월)

　　(※공모전에 입상한 작품의 경우, 영상의 권리가 주최측에 귀속되어, 지속적으로 홍보 및 전시 목적으로 활용 될수 있음)

본인은 상기 내용을 읽고 충분히 숙지하였으며, 자녀의 초상권 수집 및 이용에 대하여 동의합니다.

2014년　　월　　일　　보호자(법정대리인) :　　　　　　　　(인/서명)

02 영상 제작 학습 및 역할 배분

영상 제작을 위해 배워야 할 점을 간략히 가르쳐주는 것이 좋습니다. 주로 영상 제작에 있어서 기획시 필요한 요소, 시나리오 및 스토리 쓰는 법, 동영상을 촬영할 때 진행 순서 등을 가르쳐 줍니다. 약 2시간 정도 시간을 할애하여 꼭 배워야 할 것을 지도하여 주로 기획과 촬영 단계가 어떻게 진행되는지 파워포인트 자료와 유튜브 동영상 자료를 활용하여 지도합니다.

동영상 찍을 때

▸ 4. 찍을 때의 과정 1. (매우매우매우 중요!!!)

▸ 먼저 감독이 '카메라'를 외칩니다.
▸ 그러면 카메라를 잡은 사람이 카메라 녹화버튼을 누르고 준비되었다는 의미로 '카메라 오케이'를 외칩니다.
▸ 카메라맨이 준비된 후 감독이 '레디'를 외칩니다. 이제 조금 있으면 바로 시작한다 그런 의미 입니다.

❮ 지도시 파워포인트 자료 예시 ❯

그 다음 학생에게 필요한 역할 배분을 해야 합니다. 주로 A, B 팀으로 전체 인원을 반으로 나누어 팀원을 배정하는데 이때 감독, 조감독, 카메라, 조명 등 역할을 배정하여 각자가 해야 할 역할을 인지하게 하여 촬영 시 본인의 역할을 잘 수행할 수 있게 합니다. 각 팀원은 5~10명으로 지정하는 것이 좋습니다.

A, B 팀으로 팀을 나눈 이유는 모든 구성원이 연기와 촬영을 번갈아 가며 활동하기 위해서입니다. 그리고 소외되는 인원을 최소화할 수 있습니다. A팀이 연기를 할 때는 B팀이 제작 스텝 역할을 수행하고 B팀이 연기를 할 때는 A팀이 제작 스탭 역할을 수행합니다. 여러 이유로 학생들이 동아리 활동에 불참하거나 하는 경우가 많은데, 이런 경우에는 역할을 유동적으로 운영하여 구성원 수급에 어려움이 없도록 합니다.

A팀	B팀		역할	A팀	B팀
김두현	이주형		감독	김두현	홍유진
신지항	유시현		조감독	천혜원	김선규
김원석	김예원		PD	신지항	김예원
임지헌	전영재		카메라	임지헌	유시현
유초희	김선규		조명	배성운	전영재
배성운	이우찬		시나리오	김수정	이하늘
김수정	박진우		편집	김원석	이주형
천혜원	홍유진		딱딱이	정재훈	박진우
최수빈	이하늘		스트립터	최수빈	박윤영/이우찬
유나겸			제작부	유나겸/유초희	
정재훈	박윤영				

〈 구성원 역할 분배 예시 〉

03 촬영 단계 (전/중/후)

촬영 단계는 실질적으로 영상을 제작하는 단계로써 전, 중, 후 단계로 나눕니다. 이는 각기 기획, 촬영, 편집 단계로 나뉠 수 있습니다. 주로 아이들 활동을 중심으로 진행하되 교사는 활동 내용을 지도하거나 보조하며 활동에 참여할 수 있습니다.

먼저 '촬영 전 단계'는 영상 제작에 필요한 전반적인 사항을 함께 이야기하며 준비합니다. 주로 감독 역할을 맡은 학생이 진행하며 촬영 주제 선정, 대본이나 스토리보드 작성, 촬영 장소 물색 등 촬영에 필요한 준비 작업을 합니다.

'촬영 중 단계'는 촬영을 시작하고 계획된 역할에 맞게 촬영을 진행합니다. 소음 및 환경에 구애를 많이 받는 작업이기 때문에 주말이나 방과 후를 이용하여 계획된 순서대로 촬영을 진행합니다. 서로 자유롭게 소통하며 진행할 수 있도록 하되 시간에 구애받고 촬영하지 않도록 촬영 시간은 넉넉히 잡아서 공지하도록 합니다.

'촬영 후 단계'는 주로 편집 작업이라고 할 수 있습니다. 교사가 무비메이커나 비바 비디오 사용법을 지도하고 간단히 편집 시범을 보여주어 학생들에게 지도할 수 있습니다. 한 학생이 도맡아 편집을 하고 그 편집본을 다른 사람이 볼 수 있게 하여 피드백 및 수정 보완하여 편집을 마무리합니다.

Pre-Production (촬영 전)	• 영상 제작 준비에 관한 전반적인 사항을 함께 준비 • 촬영 주제 선정, 촬영 대본 논의, 촬영 장소 물색
Production (촬영)	• 촬영을 시작하고 계획된 역할에 맞게 촬영 진행 • 소음 및 환경에 구애를 많이 받는 작업이기에, 주말을 주로 이용함
Post Production (촬영 후)	• 주로 편집이나 음악적인 역할 수행이 이뤄짐 • 한 학생의 주도로 편집이 이뤄지며, 그 학생의 편집본은 다른 학생들과 돌려보며 피드백 및 수정 보완

〈 영상 제작 전 중 후 단계 정리 〉

 04 영상 유통하기

이제 제작된 영상을 관객들과 함께 보는 활동이 필요합니다. 온라인과 오프라인으로 최대한 많은 관객들에게 영상을 보여주는 것이 필요합니다. 주로 4가지로 제작된 영상을 교내 및 교외 관객들에게 유통시킬 수 있습니다.

〉〉 공모전 출품

제작된 영상은 관련 공모전에 제출할 수 있습니다. 주로 올콘 홈페이지 (http://www.all-con.co.kr)에서 정보를 얻을 수 있습니다. 학교폭력, 성평등, 친구사랑, 통일, 호국보훈, 양성평등, 에너지 절약 등 공모전에 주로 등장하는 주제가 있습니다. 기획할 때 이러한 주제로

2~5분가량의 영상을 제작하면 여러 공모전에 쉽게 작품을 출품할 수 있습니다.

〉〉 아침 방송 시간 UCC 상영

아침 방송 시간에 UCC를 상영할 수 있습니다. 학교 방송 시간을 5분 정도만 일찍 앞당겨서 진행하여 본 방송이 진행되기 전에 UCC 상영 시간을 두어 짧은 영상을 전교생이 함께 관람할 수 있습니다. 동아리에서 제작하는 대부분의 영상은 교육적인 주제를 담고 있으므로 함께 보아도 큰 문제는 없습니다. 교장 선생님 교감 선생님 및 담당 선생님께 영상의 개략적인 흐름을 설명하여도 좋습니다.

〉〉 카카오 스토리, 페이스북, 유튜브 영상 업로드

SNS를 통한 업로드는 최근 초등학생 아이들이 스마트폰을 많이 사용하고 있기 때문에 전파가 빠르고 효과적인 방법이라고 할 수 있습니다. 교사가 영상을 제작하고 유튜브에 업로드한 뒤, 유튜브 링크를 페이스북 등에 업로드하면 동아리원 및 교내 학생들이 자발적으로 링크를 공유할 수 있습니다.

〉〉 교내 영상 축제 개최

학교 축제와 연계한 교내 영상 축제를 개최하여 학교 영상제를 열 수 있습니다. 거창한 이름 같지만, 시청각실에서 학생들이 제작한 영상들을 영화처럼 보여주는 간단한 행사입니다. 하지만 그 간단한 행사에 학교의 학생들이 기대를 하며 몰려들며 영상제를 기획한 아이들에게는 더없이 감동적인 현장이 될 수 있습니다.

처음에 홍보를 위하여 학생들이 제작한 영상의 스틸샷을 이용하여 간단한 포스터를 제작합니다. 파워포인트나 포토샵을 이용하여 포스터 시안을 제작한 다음 인터넷 포스터 제작 업체를 통하여 100장 정도 프린트합니다. 그 다음 학교 내외에 개시하고 필요한 곳에는 우편으로도 전송합니다.

다음으로 영상 축제 진행을 위해 간단한 파워포인트를 제작하여 제목과 참여자 이름을 써 넣어 준비를 합니다. 각 파워포인트에 중요 장면의 스크린샷을 넣어서 전체 영상의 이미지를 떠올리게 하고 그 사진이나 아이콘에 영상을 링크시켜서 영상을 재생할 수 있도록 합니다.

지정한 날이 되면 학교 영화제를 하도록 합니다. 장소는 교내 시청각실이나 강당을 이용할 수 있도록 하며 관객은 자율적으로 참여할 수 있도록 합니다. 교내 아침 방송에서 많이 봐왔던 영상들이기 때문에 홍보는 이미 충분히 되어 있는 상태라고 할 수 있습니다. 생각보다 많은 인원들이 옵니다. 학생 학부모 및 지역 주민들까지 자율적으로 초청합니다. 간식을 나눠줄 수도 있으나 권장하지는 않습니다. 장소가 지저분해지고 영화에 집중을 어렵게 합니다.

〈 영화제 포스터 예시 〉

영화제의 진행은 담당교사가 진행하도록 합니다. 3~5분가량의 4~5편의 영상을 볼 수 있도록 합니다. 1편을 보고 나면 제작한 감독이나 주연 배우가 나와서 소감을 짧게 이야기합니다. 그리고 모든 영상이 다 재생되면 모든 동아리원이 나와서 관객에게 인사를 하고 동아리 회장이 나와서 소감을 발표합니다. 그리고 마지막으로 담당교사가 전체 인사시키고 기념사진 촬영 후 행사를 마무리할 수 있도록 합니다.

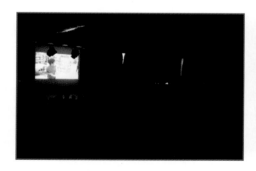

〈 영화제 진행 상황 〉

〈 동아리 전원 사진 촬영 〉

영상 제작 교육은 매우 교육적이고 매력적인 활동

영상 제작 교육은 매우 교육적이고 매력적인 활동이라고 할 수 있습니다. 영상 제작 교육을 하면 크게 3가지의 교육적인 효과가 있다고 생각합니다.

먼저 창의성을 길러줍니다. 저는 영상 제작 교육은 없던 이야기를 만들어 내는 창의적인 활동이라고 생각합니다. 기존의 이야기가 아닌 새로운 이야기를 꾸며내는 활동이기 때문에 고민하여 새로운 이야기를 짜내야 하고 이러한 과정 속에서 창의성이 매우 증진된다고 생각합니다.

그리고 협동력을 길러줍니다. 우리가 만드는 영상은 혼자 만드는 영상이 아닙니다. 영상에 등장하는 사람 촬영하는 사람, 대본을 쓰는 사람, 편집을 하는 사람이 각기 협동해야 한 편의 영상이 만들어집니다. 따라서 매우 긴밀한 공조가 필요한 작업이라고 할 수 있습니다.

마지막으로 진로 체험에 도움이 된다고 생각합니다. 점차 영상에 대하여 관심을 가지는 학생들이 점차 늘어나고 있고 특히 영상 크리에이터를 꿈꾸는 학생들이 늘어나고 있습니다. 막연히 꿈만 가지게 하는 것이 아니라 실제로 영상을 제작해 보고 연기를 해보는 경험을 통하여 자신의 진로를 새롭게 찾고 개척하는 기회를 제공할 수 있다고 생각합니다. 이 책을 통해 영상에 대한 흥미도를 높이시고 학교에서 아이들과 영상을 만드는 작업을 해보시기를 권장합니다. 힘들고 고되지만 선생님과 아이들 모두 잊지 못한 추억으로 기억될 수 있습니다.

저자 소개 **박경인 (옥동초등학교 교사)**

참쌤스쿨 1기 멤버이며, 영상 작업을 전문으로 하고 있다. 기본적인 영상 편집 및 모션그래픽 작업 등 참쌤스쿨의 영상 콘텐츠 제작에 기여를 하고 있으며 개인블로그 및 페이스북 페이지를 통해 영상 제작 방법을 알리고 있다. KBS 장애인의 날 '대한민국1교시' 애니메이션 제작 참여했으며 2017 EBS 차세대콘텐츠 'T북'을 집필했다. 이번 아이스크림 원격교육연수원에서는 '참쌤스쿨 그림교실, 교사가 최고의 콘텐츠다' 연수 강좌 제작에 참여했다. 현재는 '빠르크의 3분강좌' 페이스북 페이지를 운영 중이며 교육 현장에 맞는 영상 콘텐츠 제작 방법을 교사와 학생들을 위해 연구하고 나누고 있다. 유쾌하지만 결코 가볍지 않은 감성을 영상 속에 담고자 노력하고 있다.

저서 도서 『리얼 교실 웹툰 1반 선생님』(천재교육, 2016)
도서 『디지털 학급운영 콘텐츠』(즐거운학교, 2017)

수상 경력 EBS교육방송연구대회 전국 등급 수상(2016)
국민안전처 국민신문고앱 홍보UCC 입상(2015)

저자 소개 **정재성 (화성동화초등학교 교사)**

참쌤의 콘텐츠 스쿨 1기 멤버이자 뺄짓 영상제작단에서 활동한다. 프리미어와 애프터이펙트를 사용하여 영상을 만들며 학생 영화 제작에 관심이 있다. 현재 세종시 콘텐츠연구회 프리미어 직무연수 강사로 활동 중이며 아이스크림 원격교육연수원에서는 '참쌤스쿨 그림교실, 교사가 최고의 콘텐츠다' 강좌 및 '공감 다큐, 나는 꿈꾸는 교사입니다' 연수 강좌 제작에 참여했다. 앞으로 학생들에게 사랑받고 학생들을 사랑할 수 있는 교사가 될 수 있기를 원하며 아이들과 좋은 이야기, 영화, 독립영화, 영상 제작 등 다양한 활동을 하며 살고 싶다.

저서 도서 『리얼 교실 웹툰 1반 선생님』(천재교육, 2016)

수상 경력 부천청소년 평화영화제 학생영화 지도교사상

'참쌤스쿨'이 걸어온 길

2014. 12	참쌤스쿨 설립
2014. 12	참쌤스쿨 1기 선발
2015. 03	'와콤 코리아' 참쌤스쿨 인터뷰
2015. 04	KBS '대한민국 1교시' 제작
2015. 07	한겨레 인터뷰
2015. 12	참쌤스쿨 2기 선발
2016. 01	우수교육단체로 교육부 장관 표창
2016. 01	『리얼 교실 웹툰 1반 선생님(천재교육)』 출간
2016. 06	제1회 그림축제 개최(300명 대상)
2016. 12	한국교육신문 참쌤스쿨 소개
2016. 12	참쌤스쿨 3기 선발
2017. 02	국정교과서 '안전한 생활' 전체 삽화
2017. 04	『교사생활 월령기(에듀니티)』 전체 삽화
2017. 07	제2회 그림축제 개최(500명 대상)
2017. 12	≪참쌤스쿨 그림교실, 교사가 최고의 콘텐츠다≫ 아이스크림 원격연수 및 도서 출판

Q '참쌤의 콘텐츠 스쿨'을 창립하게 된 계기는 무엇인가요?

A **김차명 선생님** 처음에는 저 혼자 콘텐츠를 만들고 공유하는 일이 많았습니다. 그런데 갈수록 힘에 부치더라고요. 가정을 이루고 아이가 생기고… 또 학교에서 중요한 업무들을 맡다 보니 함께할 동료가 필요했습니다. 그래서 제가 가르쳐서 조금씩 성장시킬 수 있는 동료들을 모집하고자 했는데, 놀랍게도 모아놓고 보니 전부 저보다 더 잘하더라고요. 그래서 연수 중심 모임에서 바로 프로젝트 중심 모임으로 활동하게 되었습니다.

지금은 어느덧 그림 기반 교육 콘텐츠를 제작하려는 동료 선생님들과 함께 전국 단위의 콘텐츠 연구 모임으로 자리매김했습니다. 주로 수업 자료가 필요한 예비 선생님을 위해 다양한 콘텐츠를 제공하고 있는데, '참쌤스쿨'하면 모두가 인정할 만큼 좋은 콘텐츠를 만들어가고 있는 것 같아 기쁘게 생각합니다.

교사가 최고의 콘텐츠다
참쌤스쿨 그림교실
ⓒ참쌤의 콘텐츠 스쿨 2017

초판 1쇄 발행 ｜ 2018년 1월 3일
　3쇄 발행 ｜ 2021년 6월 30일

지은이 ｜ 참쌤의 콘텐츠 스쿨
펴낸이 ｜ 박기석
기획 ｜ 김봉선, 왕선경, 송미진
편집 ｜ 장인영
표지디자인 ｜ 김정필
내지디자인 ｜ 이선영, 박정화

펴낸곳　 ｜ ㈜아이스크림미디어
출판등록 ｜ 2013년 12월 11일
신고번호 ｜ 제 2013 - 000115 호
주소　　 ｜ 경기도 성남시 분당구 판교역로 225-20 시공빌딩
전화　　 ｜ 02-3440-2300
팩스　　 ｜ 02-6280-5222
홈페이지 ｜ http://teacher.i-scream.co.kr

ISBN 979-11-5929-017-6　　03370